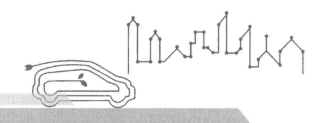

城市交通
低碳转型路径研究

包 磊◎著

A STUDY OF PATHS OF
TRANSITION TO
LOW-CARBON URBAN TRANSPORT

经济管理出版社
ECONOMY & MANAGEMENT PUBLISHING HOUSE

图书在版编目（CIP）数据

城市交通低碳转型路径研究/包磊著 . —北京：经济管理出版社，2022. 11
ISBN 978-7-5096-8825-0

I.①城…　Ⅱ.①包…　Ⅲ.①城市交通—交通运输业—低碳经济—研究—中国　Ⅳ.①F572

中国版本图书馆 CIP 数据核字（2022）第 229407 号

组稿编辑：赵亚荣
责任编辑：赵亚荣
责任印制：张莉琼
责任校对：张晓燕

出版发行：经济管理出版社
　　　　　（北京市海淀区北蜂窝 8 号中雅大厦 A 座 11 层　100038）
网　　　址：www. E-mp. com. cn
电　　　话：（010）51915602
印　　　刷：北京晨旭印刷厂
经　　　销：新华书店
开　　　本：720mm×1000mm/16
印　　　张：12
字　　　数：202 千字
版　　　次：2022 年 12 月第 1 版　　2022 年 12 月第 1 次印刷
书　　　号：ISBN 978-7-5096-8825-0
定　　　价：78.00 元

序　言

　　非常荣幸受包磊的邀请，为其专著《城市交通低碳转型路径研究》撰写序言。作为世界资源研究所中国可持续城市部主任，我致力于推动中国在城市与交通领域更可持续的发展。秉持这样的价值观和愿景，2014年我创立了微信公众号"一览众山小-可持续城市与交通"（简称"一览"），至今发表了近3000篇原创的可持续发展知识分享文章，并召集了全球约800位专业志愿者共同运营，吸引10万多名长期关注者。同时"一览"还首次将"Jane's Walk"这一全球线下的专业城市步行活动引入中国，至2022年底，共在中国8座城市举办了14场活动，吸引了全社会的广泛关注，并被包括第一财经在内的众多媒体评价为中国最具影响力的城市行走活动之一。如今的"一览"已经发展为全网120万个公众号中的头部6%、可持续发展领域和交通领域最大的自媒体公众号。

　　包磊博士作为公众号最早的一批志愿者，与我相识已经快8年了。他对城市交通低碳转型领域有着深入的了解和丰富的项目经验，是一位有着行业热情和专业追求的学者。本书主要源于他在博士期间扎实的研究成果，深入浅出地探讨了城市交通低碳转型领域的关键问题，包括交通碳排放的测算方法、评价体系、形成机理、减排成效和实施路径等。早在我国2020年宣布"双碳"目标前，包磊博士就作为我国首批扎根交通碳排放领域的学者开始了相关研究工作。他在本书中提出了许多兼具前瞻性和实用性的观点与建议，为我们更好地理解和应对城市交通低碳转型问题提供了重要的参考和决策依据，并为我国未来三十年的交通碳减排工作打下了坚实的基础，培养了众多后备力量。

　　本书开篇介绍了城市交通低碳转型的背景、意义和目标，接着对目前城市交通现状进行了测算和分析，从而对城市交通低碳转型路径进行了设计和比选。在此基础上，本书归纳出了适合城市交通低碳转型的方法学，并对其机理、效果和可行性进行了详细阐述。最后，本书还以上海为例，对其城市交通低碳转型的实施措施和策略提供了非常具体的建议。全书视角开阔、数据扎实、逻辑严谨，多处章节给我留下了深刻的印象，在此举其三例。其一，本书对横跨全球 180 座城市、纵跨半个世纪的城市交通碳排放进行测算，并挖掘总结得出了全球城市交通碳达峰和低碳转型的特征规律。本书所收集的数据如此详尽，数据清洗和分析也克服重重障碍，最终得出如此大尺度下的精细结论，这在此前的相关研究中较为少见。其二，本书建立了符合我国发展阶段的相对型碳排放评价方法，充分考虑了城市发展阶段、人口规模等因素，修正了原先基于绝对指标评判低碳水平的缺陷，填补了行业的空白。其三，本书引入了低碳交通转型运营管理理念，基于该理念的低碳交通治理模式也为城市交通转型的场景分析提供了更多可行的比选方案。

我相信，本书将成为城市交通低碳转型研究领域具有相当价值的著作，对于该领域的专家学者、政府决策者、企业管理者和科研人员具有重要的参考价值。随着全球气候变化形势日益严峻，低碳交通转型已经成为了人类可持续发展的必由之路。本书提供的理论和实践经验将有助于加速这一进程，同时能减少城市交通带来的污染，改善城市环境和居民健康，为人类建设绿色宜居城市做出贡献。

我衷心希望本书的出版能够助力城市交通行业的更快转型，能够助力我国"双碳"目标的更早实现，能够支持全球应对气候变化行动的迅速开展。

刘岱宗

2022 年 12 月

前　言

近年来，伴随着我国快速的城镇化和机动化进程，城市交通系统能源环境问题日益严重，城市交通低碳转型发展迫在眉睫。但是由于相关数据的匮乏以及测算范围的不统一，城市间交通碳排放现状水平难以衡量且无法相互比较，低碳发展阶段尚不明晰。同时，我国针对城市交通体系尚未有清晰的量化减排目标，制定并实施的政策措施有限，低碳转型方向也存在较大的不确定性。因此，城市交通低碳转型的必要性与现状和方向的不确定性之间的矛盾是新时期我国城市交通治理亟待解决的重要问题。针对该问题，本书以城市交通为研究对象，以降低转型的现状不确定性和未来发展方向的不确定性为主要研究目标，遵循"测算—评价—机理—效果—实现"的研究逻辑，对城市交通低碳转型综合评价模型、政策影响效应及低碳转型管理等方面开展研究。

本书采用统一的统计口径数据和相同的核算方法测算并比较了全球 180 个城市（105 个国际城市、75 个中国城市）不同时期的交通碳足迹，并建立了效应基准化的综合评价模型对城市低碳交通发展水平进行了评价分析。研究发现，城市交通存在低碳转型的过程，单位 GDP 交通碳排放、人均交通碳排放和城市交通二氧化碳总排放依次到达峰值，依据峰值出现时间，转型过程可被划分为未转型期、第 I 转型期、第 II 转型期和第 III 转型期。不同大洲的城市交通发展特点和阶段各不相同，北美洲、大洋洲、欧洲、亚洲城市的人均交通碳排放水平依次递减，但同时也依照该顺序先后步入转型阶段。相较其他国际城市，我国城市交通低碳转型发展阶段较为滞后，个别特大城市交通系统刚刚步入低碳转型的初期，其他大多城市尚未步入转型阶段，整体交通碳排放还有较大的增长空间。此外，研究还发现，城市人口密度、人口规模和经济发展水平对城市交通二氧化碳排放具有影响效应，因此对具有不同特征和处于不同发展阶段的城市采用基于绝对指标的评价方法会造成失准的情况。本书通过建立的效应基准化模型可以得到剔除这三个因素影响效应后的综合评价指标 CEBI，基于该指标研究发现：巴黎、东京、哥本哈根是典型的长期低碳交通城市；菲尼克斯、蒙特利尔和马尼拉的交通系统长期保持高碳水平；首尔则在近年成功由高碳交通城市转型为低碳交通城市；而我国北京、上海、广州、深圳的 CEBI 指标逐年升高，近年已经位于全球高排放水平，需要对城市交通低碳转型发展加以重视。

本书分析了低碳交通政策的作用机理并实证了其减排效果。首先建立了由内部转型要素和外部驱动因子共同组成的城市交通碳排放系统框架模型：内部转型要素可划分为城镇化要素、机动化要素、出行结构要素、能耗强度要素和燃料种类要素；外部驱动因子可划分为经济类因子、土地利用类因子、科技类因子和文化类因子。而后利用该框架对低碳交通政策进行了类型划分和具体影响路径分析，城市低碳交通政策即通过直接作用转型要素或者间接作用驱动因子影响城市交通碳排放。其次基于内部转型要素进一步利用对数平均迪氏分解法实证了政策措施的减排效果，结果表明政策措施的实施的确能够减少其对应转型要素的碳排放贡献度，从而起到减排的作用，这些措施包括美国节能法案的实施、哥本哈根自行车交通的推广等。对于我国特大城市北京、上海，在过去近 30 年间城镇化和机动化要素是促进碳排放增长的主要要素，近年来由于公交优先政策、燃油经济性政策等的实施，出行结构和能耗强度要素逐渐开始显现减排作用，未来需要在进一步保持的前提下，制定实施机动化要素和燃料种类要素的相关政策措施，充分发挥其减排潜力。

本书引入了转型管理概念，以上海市为例设定了其 2050 年零碳交通的发展愿景，并规划了具体的转型路径。转型路径包含两个阶段：既有政策阶段（2014~2035 年）和面向零碳交通阶段（2035~2050 年）。前者涵盖目前已经提出的上海市低碳交通政策措施和相关规划，后者为笔者依据历史轨迹和国际对标城市规划等设定的发展情景。在构建了 LEAP-ST 模型的基础上，笔者研究发现：在低碳转型情景下，上海市交通二氧化碳总排放可于 2022 年达峰，比不实施任何政策措施情景提前了 19 年；2014~2050 年能够累计减少 3.37 亿吨的二氧化碳排放，是 2014 年城市交通二氧化碳总排放的近 35 倍。为了减少城市交通低碳发展的不确定性，本书提出，需要构建基于低碳转型管理的新型城市交通治理体系，制定实施综合的减排政策措施，建立健全数据统计监管机制，以及完善低碳交通立法保障体系等。

本书最后总结了主要研究成果，对未来值得进一步研究的方向进行了展望，包括基于全生命周期的城市交通碳排放测算、城市货运及城际交通低碳转型特征研究、针对具体政策措施变量关系的量化研究以及低碳交通政策成本效益分析。

本书的研究成果丰富了国内外城市交通低碳转型过程的定量化研究，对低碳交通发展水平评价方法进行了开创性的尝试，系统地梳理了相关政策措施的作用机理并实证了其减排效应，是对城市低碳交通理论体系的进一步完善与发展。在实际应用层面，本书提出了基于低碳转型管理的城市交通新型治理模式，对政府相关部门制定城市交通系统减排目标和政策措施具有实际的参考意义，可以促进城市交通低碳转型发展和国家温室气体整体减排目标的实现。

目　录

1 绪论

1.1 概念界定与研究背景

1.1.1 概念界定

1.1.1.1 "低碳交通"是"低碳经济"理念的具体延伸与发展

人类活动导致全球气候变暖已成为现代各国的基本共识。1990～2014 年，联合国政府间气候变化专门委员会（IPCC）共发布了 5 份全球气候评估报告（见表 1-1）[1-5]，该系列报告的研究成果逐步增强了"全球变暖由人类活动导致"这一推论的可信度。最新版报告中指出，全球变暖的事实已经不容置疑，人类活动极大可能是全球变暖的主要原因，这里所谓的"极大可能"的置信度已超过95%。虽然仍有气候变化怀疑者对此提出质疑和批判，但毫无疑问的是，IPCC报告的基本观点已经成为全球主要国家政府和机构的共识，推动了《京都议定书》《巴黎协定》等文件的通过。

为了应对气候变化危机，2003 年 2 月英国政府发布了能源白皮书，题为《我们能源的未来：创建低碳经济》（*Our Energy Future—Creating a Low Carbon Economy*），这是"低碳经济"一词的首次正式提出[6]。作为实现低碳经济的一个重要方面，该报告将抑制和减少交通领域的二氧化碳排放看作英国兑现其全国整

表1-1 IPCC历次气候变化评估报告

年份	报告	对气候变化的主要认识	主要推动
1990	第一次报告	人类活动导致的排放确实增加了大气中温室气体的浓度……将增加温室效应,导致平均额外的变暖[1]	促使制定《联合国气候变化框架公约》
1995	第二次报告	有证据表明人类活动对全球气候造成了可辨识的影响[2]	推动《京都议定书》通过
2001	第三次报告	过去50年观测到的大多变暖可能(概率>66%)由温室气体浓度的增加导致[3]	推动《联合国气候变化框架公约》(UNFCCC)谈判进程,明确"适应""减缓"两个议题
2007	第四次报告	20世纪中期以来大多全球平均温度的增加很可能(概率>90%)由人为温室气体浓度的增加导致[4]	推动《巴厘岛路线图》诞生
2014	第五次报告	1951~2010年观测到的多半全球平均表面温度的增加极可能(概率>95%)由人类影响导致[5]	推动《巴黎协定》通过

体减排目标的关键要务之一。白皮书的第五章"清洁低碳交通"(Clean Low Carbon Transport)部分对英国未来交通系统发展提出了初步的规划:短期内,我们需要通过推广更优良的车辆来减少碳排放;长远来看,要通过低碳燃料来实现这一目标。紧随其后,许多欧盟国家积极响应,而后"低碳"理念迅速在全球范围内传播开来。

1.1.1.2 "低碳交通"是"低碳城市"建设的重要前提和保障

近年来,涵盖低碳概念的新词汇纷纷涌现,"低碳城市"便是其中之一,是指城市在经济高速发展的前提下,保持能源消耗和二氧化碳排放处于较低水平。目前,全球各地的城市容纳了世界人口的一半以上,消耗了85%以上的资源和能源,所排放的温室气体占到总量的75%[7]。在21世纪前30年,城市土地覆盖面积增长将会超过人类历史上所有累积的城市面积总和[8]。城市对资源的需求和二氧化碳产出量都远远超过其所能承载的界限,以城市为载体发展低碳经济已经是实现全球二氧化碳减排目标的重中之重。从碳排放的行业分布来看,交通系统在碳排放总量中占很大比重,贡献了约23%的排放量,与工业、建筑业并列为低碳发展的三大重点领域[9, 10]。作为城市四大功能之一,城市交通肩负着支持其他三大功能的责任。城市交通系统是城市完整功能不可或缺的一环,减少自身二氧化碳排放不仅影响城市温室气体总排放的变化,同时也关乎整个城市经济的稳定与繁荣。因此，城市交通系统科学的低碳转型发展是建设低碳城市的重要前提和保障，这也是本书关注的核心内容。

1.1.1.3　城市低碳交通的内涵特征辨析

在低碳理念风靡之前，学界就提出过两个与"低碳交通"相近似的概念：可持续交通（Sustainable Transport）和绿色交通（Green Transport）。这些理念均由西方学者初次提出，之后在世界范围内广泛传播和延展。部分学者将这些概念广义化，其各自内涵互有交集、相互包容，以致三个概念均未有公认的明确定义，且在使用中容易混淆，难以区分。事实上，这些理念在诞生之初天然便带有时代的烙印，因此各有侧重。

"可持续发展"概念提出于 20 世纪 80 年代，这是经历过能源危机的一代人在社会经济高速发展的十字路口所创造出来的集体智慧结晶。90 年代中期，西方政府和非政府组织将可持续理念引入了交通行业。1993 年，约翰·怀特莱格（John Whitelegg）提出，交通运输的发展应该既能满足当代人的交通需求，保证经济高效、社会公平和环境友好，又不损害自然、环境及后代人的需求[11]。1996 年世界银行正式提出此概念，并指出其涵盖的三方面内容：经济、环境和社会[12]。可持续交通侧重发展和公平，强调要在不侵害当代人类以及未来人类利益的情况下，满足社会对自由移动、获取机会、沟通交往和商品贸易的需求[13]。

绿色交通最早由加拿大学者克里斯·布拉德肖（Chris Bradshaw）于 1992 年提出，其按照对环境的友好度将绿色交通进行了等级划分，绿色程度由高到低依次是步行、自行车、公共交通、合乘车、独自驾驶的私家车[14]。之后也有学者尝试为绿色交通下定义，例如李晔指出，绿色交通强调的是出行个体的切身美好感受，是涉及市民生活质量和幸福感的"以人为本"理念的绿色[15]。整体来看，绿色交通更关注于微观和个体层面，本质内涵基于环境保护和人本精神。

综合以上观点可以得出，低碳交通是低碳城市和低碳经济不可或缺的重要组成部分，同时也是可持续交通与绿色交通理念的继承与发展（见图 1-1）。从时间上来看，低碳交通相较可持续交通与绿色交通提出时间更晚，是在前两者基础上的进一步深化。就含义上而言，城市低碳交通与绿色交通和可持续交通理念一脉相承，但又独具内涵。具体而言，城市低碳交通具备如下三个特征：

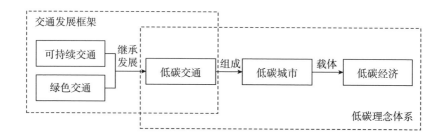

图 1-1 低碳交通相关概念关系

（1）以"碳"为衡量工具，发展目标和阶段可计算、可比较、可核实。

碳排放是温室气体排放的一个总称或简称，这其中最主要的排放气体就是二氧化碳。因此，以碳为尺表征此概念，为低碳理念的落地和愿景目标的实现提供了十分直观的衡量工具和评判依据，推动了该领域定量研究的发展。出于其可度量的原因，不同范围不同行业的碳排放能够被统计、计算和比较，进而后续才能够制定和分解碳排放目标、建立碳交易市场等。通过制定城市交通系统的碳排放清单，能够清晰地了解不同部门不同类型车辆排放总量、变化趋势。政策制定者可以对其进行横向比较，认知本城市碳排放的特点与不足，做到有的放矢。

（2）受多重因素制约，以保障经济发展为基本要求，以实现碳减排为目标。

碳排放是造成全球气候变暖的最主要元凶，但不可否认的是，在以化石能源为主的工业化时代，碳排放仍然在一定程度上意味着经济的发展，经济衰退导致的交通碳排放降低不能算是真正意义上的低碳城市交通。2012 年，关于低碳发展的"甜甜圈"理论在"里约+20"峰会上被提出，该理论模型包含三块区域：内圈、中间圈和外圈（见图 1-2）。其中，中间圈是经济、社会、环境的三重底线都能够保持和谐的可持续发展圈[16]。自然资源的承受能力将外圈和中间圈分割开来，这也被看成是自然天花板。分割中间圈与内圈和外圈的分别是社会经济发展的基本能力和社会的支撑能力。高碳发达国家在外圈，已经超越了自然资源的承受能力，例如美国。而我国目前处在内圈，老百姓对体面生活的基本需求还未得到满足，市场仍有大量的小汽车购买和使用潜力未被释放。因此，城市低碳交通评价与建设不能仅仅参照"碳排放"这一单一指标而忽略了地区的发展阶段。尤其在我国，要考虑社会主义初级阶段的基本国情和城市特征，不能过分牺牲社会经济的进步，而一味地追求少排放、不排放。

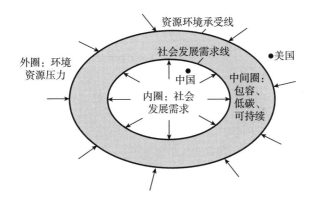

图 1-2　低碳可持续发展的"甜甜圈"理论

（3）具有协同效应，有助于实现低碳、绿色、可持续的共同目标。

低碳交通的发展推进过程，也可以说是可持续交通和绿色交通的推进过程。作为交通主要碳排放源的化石燃料，同时也是很多大气污染物的排放源，因此多数减排措施往往具有协同效应，在降低碳排放量的同时也减少了能源的消耗和污染物的排放量。例如，小汽车节能技术的进步，提高了能源的利用效率，不仅减少了二氧化碳的排放，还减少了汽油燃烧所带来的氮氧化物、硫化物、一氧化碳的排放，有助于改善城市环境，提高市民生活质量。

1.1.2　研究背景

近年来，中国城市发展达到了空前的规模与速度，市民的日常出行方式也随着交通基础设施的兴建和小汽车的普及而出现了巨大的变化。但是，伴随着城市道路里程的增长、小汽车数量的增加，城市也出现了越来越多诸如空气污染、道路拥堵等城市病。分析现有城市交通的发展现状和实现路径，可知我国低碳交通发展相关背景聚焦在三个方面，即城市交通低碳转型的必要性、现状的不确定性和未来发展方向的不确定性。

（1）城市交通系统能源环境问题日益严重，迫切需要低碳转型。

中国正处于城镇化和机动化的高速发展阶段。2000~2015 年，我国城镇化率从 36.2%提高到 56.1%[17]，这是世界上任何一个国家都没有经历过的快速城镇化阶段。据联合国评估，2050 年世界发达国家的城市化率将达到 86%，我国也将增长至近 73%[18]。与此同时，在经济的快速进步和优先发展汽车产业的双重刺激下，21 世纪前 15 年我国民用汽车保有量从 1600 万辆增加到 1.72 亿辆，增加了 9.75 倍，年均增长率为 17.2%[19]。按如此势头，预计 2050 年每千人私家车拥有量将会达到 466 辆，这个数字已经超出了现今许多发达国家大城市的水平。国民的出行方式也因此产生了巨大的变化，私家车出行占比逐步攀升，机动化出行距离不断增加，而步行、自行车等绿色交通方式出行占比慢慢降低。交通部门能源消耗将接近 18 亿吨标准煤，成为最大的能源消耗部门之一。由于小客车和货运车辆带来的需求增长，我国未来石油需求巨大，将在 2050 年达到 13.51亿吨，对外依存度达到 85%，远远超出了警戒线[18]。能源环境问题日益严重，在这个时间节点上我国政府陆续在国际性会议上向全球郑重许下了承诺，"到2020 年实现单位 GDP 二氧化碳排放比 2005 年下降 40%~45%的目标"，"计划2030 年左右二氧化碳排放达到峰值且将努力早日达峰，并计划到 2030 年非化石能源占一次能源消费比重提高到 20%左右"。为了实现承诺，城市交通部门必须分担重要的减排责任。因此，在减缓气候变化、维护能源安全和改善大气环境的三重压力之下，推进城市交通系统低碳化发展迫在眉睫。

（2）缺少基于统一测算口径的全球视野比较，城市交通碳排放现状水平和发展阶段不明晰。

"摸清家底"，即对当前城市交通排放现状的深入分析是开展城市交通低碳转型发展的必要前提，同时也是政策制定、绩效考核和补贴分配的重要依据，但是目前该方面工作非常薄弱。国际上已经对城市排放数据统计口径给予了越来越高的重视，例如很多城市加入了"全球气候与能源市长盟约"（Global Covenant of Mayors for Climate & Energy）。截至 2018 年 1 月 2 日，已有 7499 个城市，共6.8 亿人口（相当于全球人口 9.3%）签署加入了全球气候与能源市长盟约①，但中国仅有香港加入其中，尚未有其他城市参加。我国自身也未对城市交通碳排放进行过全范围针对性的测算统计，仅有个别城市发布的居民出行调查报告以及交

---

① 资料来源：https://www.globalcovenantofmayors.org/。

通发展年报对城市交通排放有所分析，而报告中城市交通碳排放统计口径和计算方法各异，测算结果缺少国内甚至国际城市间的比较分析，因此难以勾勒出全球视野和长期时间下城市交通的排放水平状态。现状水平和发展阶段的不明晰，直接影响了政策制定者对城市交通低碳转型发展的规划。

（3）我国针对交通体系尚未有清晰的量化减排目标，政策措施有限，低碳转型方向存在较大不确定性。

随着低碳理念的深入人心，许多国家及地区政府已经为交通系统设定了未来减排的具体目标。英国是最积极的国家之一，2008 年全国开始实行"碳预算"制度，为未来一段时期内全国温室气体排放设定了上限。期间全英国排放的每一吨二氧化碳都将被计算在内，如果某一行业的碳排放超额，则需减少另一行业的碳排放量。依据"碳预算"，英国能源与气候变化部发布了《英国低碳转型计划》（*The UK Low Carbon Transition Plan*），具体制定了减排目标：2030 年较 1990 年减少 60%；远景年 2050 年较 1990 年减少 80% 以上。同时，将整体减排目标分解至交通部门，2030 年地面交通工具二氧化碳排放较 1990 年降低 45%；2050 年基本实现零排放[20]。伦敦作为英国首府，在此基础上为城市交通制定了更为具体的减排目标，2017 年伦敦市发布了《2017 伦敦市长交通战略》（*Mayor's Transport Strategy* 2017），提出到 2033 年所有出租汽车和私人租用车实现零碳排放，2037 年公共汽车实现零排放，2040 年道路上所有新车实现这一目标，而到 2050 年伦敦市整个城市交通系统实现二氧化碳零排放[21]。再如，挪威首都奥斯陆旨在2050 年实现碳中和，并削减目前交通碳排放量的 60%；丹麦首都哥本哈根承诺2025 年前建成世界上首个零碳排放城市，为此要将大量城市交通转为公交和慢行出行。而我国目前尚未有城市为自身交通系统设定具体的减排目标。

政策措施能够促进城市交通系统低碳化发展。据国际能源署（International Energy Agency，IEA）数据库统计，截至 2015 年底已有近 40 个国家和地区实施了推动交通领域节能减排的相关政策（见图 1-3）[22]。欧洲、美国和日本在国家层面为自身交通系统的低碳转型发展建立了较为完善的政策体系，相较而言我国针对交通体系颁布并实施的相关节能减排政策措施种类简单且相对较少，大部分都是试点阶段，尚未建立长效机制，对城市交通低碳转型发展助力有限。就我国城市交通层面而言，低碳化发展尚处于起步阶段，近年来陆续出台了一系列交通节能的相关政策，如《公路水路交通节能中长期规划纲要》《建设低碳交通运输体系指导意见》《建设低碳交通运输体系试点工作方案》等。国家根据《建设低碳交通运输体系指导意见》和《建设低碳交通运输体系试点工作方案》，选定了建设低碳交通运输体系的试点城市，城市层面的低碳交通建设也逐渐开始得到重视。首批试点城市于 2010 年确定，包括天津、厦门、杭州等 10 个城市。两年后又确定了第二批试点城市，范围扩大至北京、西安等 20 个城市。近年来我国的政府部门在建设低碳交通运输体系上表现出了较高的热情，多数城市颁布了相关的指导意见，尚未有详细的发展目标和实现机制，但城市低碳交通体系建设进展缓慢。因此，我国未来城市交通系统低碳转型成功与否仍存在较大的不确定性。

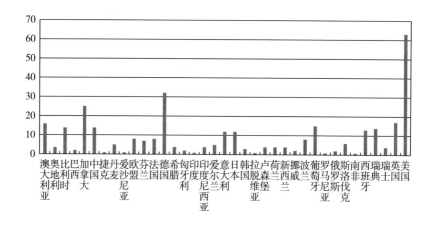

图 1-3　国家层面低碳交通政策措施数量统计（1971~2015 年）

资料来源：笔者依据 IEA 官方网站统计数据以及其他政府公开信息数据进行绘制，http://www.iea.org/policiesandmeasures/climatechange/。

1.2　研究意义

城市低碳交通转型的必要性与不确定性之间的矛盾是目前需要解决的重要问题，也是本书的主要研究目标。具体而言包括：①测算城市交通碳足迹并分析其低碳转型特征,建立评价城市低碳发展水平的综合指标,以降低现状不确定性;②分析政策作用机理与减排效果,提出针对中国城市交通的低碳转型管理建议,以降低方向不确定性。基于此,本书的理论意义与应用价值如下:

1.2.1 理论意义

本书旨在对城市交通碳排放过程进行系统性的定量化研究,明确城市交通低碳发展过程的地域特征与一般规律,建立可以综合衡量低碳发展水平的评价模型,而后对各类低碳交通政策影响机理的因果关系进行具体分析,实证分析政策措施的减排效应。从理论上而言,本书丰富了国内外城市交通低碳转型过程的定量化研究,对低碳交通发展水平评价方法进行了开创性的尝试,实证了相关政策的减排效应,是对城市低碳交通理论体系的进一步完善与发展。

1.2.2 应用价值

中国特色社会主义进入新时代,我国社会主要矛盾已经转化为人民日益增长的美好生活需要和不平衡不充分的发展之间的矛盾[23]。城市交通的低碳转型不仅符合新时代交通发展的方向,同时也能促进国家整体温室气体排放量的早日达峰。本书首先对城市交通发展水平进行了全球范围内的综合评价,而后对政策措施的影响机理进行了系统分析和实证研究,并在此基础上提出了针对我国城市交通未来发展的低碳转型管理建议,相关研究成果有助于减少城市交通低碳转型发展的现状不确定性和方向不确定性,从应用角度来看,对于政府相关部门制定城市交通系统减排目标和政策措施具有实际的参考意义,可以促进城市交通低碳转型发展和国家温室气体整体减排目标的实现。

1.3 国内外研究现状

自从"碳"的问题成为新的全球热点后,各个领域的研究者开始源源不断地探索碳排放的机制和减排的手段。目前,关于城市低碳交通的研究主要来源于以下几个领域：能源环境学、经济学、城市规划以及交通工程学。他们对城市低碳交通的研究角度有所侧重，但其研究范围可以归纳为"两个方面，三个层次"（见图1-4）。其中，"两个方面"指的是理论方法研究和实证应用研究，前者侧重于概念研究、公式推导和建模仿真等，后者倾向于针对具体统计数据的分析和实证分析。"三个层次"则分别指交通碳排放核算方法与实证研究（研究基础）、交通低碳发展评价理论与方法（现状目标）和交通系统低碳化研究（方法途径）。本节将以此为框架，对城市低碳交通政策相关研究进行较为全面的梳理。

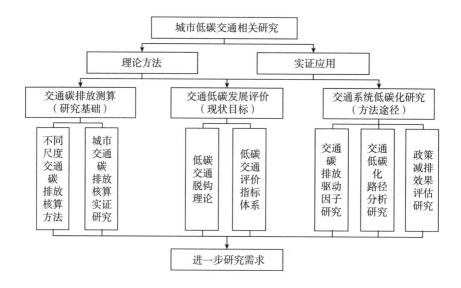

图1-4　城市低碳交通相关研究框架

1.3.1　交通碳排放核算方法与应用

1.3.1.1　不同尺度交通碳排放核算方法

以计算尺度和范围而言，一定区域内交通系统的碳排放测算属于宏观层面，属于全行业排放核算的一部分。目前关于宏观层面的碳排放核算研究主体主要包括三类：联合国政府间气候变化专门委员会（Intergovernmental Panel on Climate Change，IPCC）、各国政府组织以及独立研究机构。目前典型排放清单核算指南包括《IPCC 国家温室气体清单指南》[24]《省级温室气体清单编制指南（试行）》[25]《城市温室气体核算工具指南（测试版 1.0）》[26]《陆上交通运输企业温室气体排放核算方法与报告指南（试行）》[27]，分别对应了国家尺度、省级尺度、市级尺度和行业尺度的碳排放核算。

（1）国家层面：《IPCC 国家温室气体清单指南》。

测算各类排放源温室气体排放量的工作始于 1988 年 IPCC 成立之后。IPCC 的主要职责就是收集人类活动导致气候变化的科学、技术、社会经济相关信息，评估气候变化的潜在影响，研究改善气候变化的相关措施。1992 年，建立国家温室气体排放数据库的决议推进了各国关于二氧化碳排放测算的研究。IPCC 于 20 世纪 90 年代初给出了最早的核算方法，该方法将交通排放视为移动源单独给出了适用的核算方法。之后十几年该方法又有多次改进。整体趋势是二氧化碳的核算方法越来越简便明了，其他温室气体核算则越来越精细化，利用模型来测算成为大势所趋。

最新出版的《2006 年国家温室气体清单指南》中指出，交通系统排放可以通过两组独立的数据测算得出，即燃料销售数据和交通里程数据，使用不同数据进行测算的方法也可以分别称为自上而下方法和自下而上方法。在理想情况下，研究中应该同时使用这两种方法测算二氧化碳排放，之后进行比较分析，相互验证结论。但实际中，由于交通活动相关数据的可获得性较低等，IPCC 推荐在测算二氧化碳时使用更容易获得的燃料销售数据，在测算精确度要求较高的甲烷和氧化亚氮时，使用交通里程数据。

对于基于燃料销售数据的自上而下方法，IPCC 给出了一个基础计算公式：活动数据（J）×排放因子（gCO_2/J）。以交通为例，使用全国燃料消耗量作为活动数据，单位燃料生成最大二氧化碳量作为排放因子。该方法又分为两个系列：Tier 1 和 Tier 2（见图 1-5）。在 Tier 1 中，仅需要获得燃料销售数据，排放因子采用由 IPCC 给定的缺省值。Tier 2 和 Tier 1 在获取燃料销售数据步骤时是相同的，区别在于排放因子使用的是本国（地区）的交通燃料含碳量。

关于自下而上法，2000 年出版的《IPCC 国家温室气体清单优良作法指南和不确定性管理》给出了基于"交通行驶里程"的温室气体的计算方法，视为 Tier 2/3：车辆行驶里程（km）×燃油经济性（L/km）×排放因子（kg/L）。2006 年 IPCC 进一步精简了计算方法，认为国家尺度的二氧化碳核算更易采用自上而下方

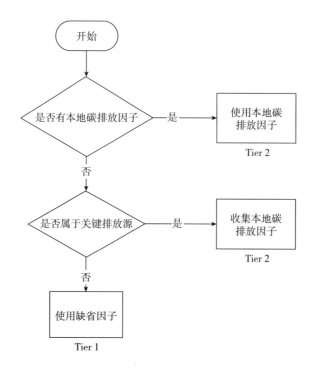

图1-5 计算交通系统二氧化碳排放的系列1和系列2方法

法，自下而上方法适用于核算甲烷、氧化亚氮等温室气体，并给出了新的 Tier 3 核算公式：交通行驶里程（km）×排放因子（kg/km）。这类温室气体占比较小，但排放受车辆技术、燃料特征甚至运行工况影响却很大。比如对于重型车辆，其排放因子相较其他车辆差异巨大。

（2）省级层面：《省级温室气体清单编制指南（试行）》。

根据《联合国气候变化框架公约》（UNFCCC）要求，我国分别于2004年和2012年向《联合国气候变化框架公约》秘书处递交了《中国气候变化初始国家信息通报》，分别核算了1994年和2005年中国温室气体清单。为了提高第二次温室气体清单的可靠性以及摸清家底，国家发展改革委组织国家发展改革能源研究所、清华大学、中国科学院大气物理研究所等单位专家编写了《省级温室气体清单编制指南（试行）》，将排放源分为能源活动、工业生产过程、农业、土地利用变化、林业和废弃物处理。

交通部门属于能源活动中的移动源，指南中推荐在拥有足够数据的情况下采用 IPCC 的自上而下方法，但考虑到我国能源统计体系中交通运输部门一般仅包含交通营运车辆的能源消耗，而实际上仍有大量的交通能源消耗被统计在工业部门、商业部门和居民部门中，其中的汽油柴油消耗水平难以再依据具体的研究对象重新进行调整，故而针对无法获得公路（道路）交通分车型、分品种能源消费量的研究对象，该指南建议采用机动车年运行公里（km）×机动车百公里油耗（L/km）得到，该方法即 2000 年 IPCC 报告中所提出的自下而上 Tier2/3 方法。各类燃烧设备各类燃料的排放因子原则上需要通过实际测试获得，以便争取反映当地燃烧设备的技术水平和排放特点。如若无法获得当地数据，指南建议采用其推荐的化石燃料燃烧温室气体排放因子或者《IPCC 国家温室气体清单指南》推荐的缺省排放因子。

（3）城市层面：《城市温室气体核算工具指南（测试版 1.0）》。

2013 年，四家权威研究机构——中国社会科学院城市发展与环境研究所、世界自然基金会（WWF）、世界资源研究所（WRI）和可持续发展社区协会（ISC）共同发布了针对中国城市的"城市温室气体核算工具（测试版 1.0）"和《城市温室气体核算工具指南》。2015 年又对其进行了更新，发布了"城市温室气体核算工具 2.0"。该工具为中国城市量身定做，是国内首个可以全面核算城市尺度温室气体排放的工具，适用于行政区划意义上的城市，包括直辖市、省会城市和自治区首府、地级市和县级市等。值得一提的是，该工具不仅依据IPCC 指南将排放源划分为能源活动、工业生产过程等，还特别关注了工业、建筑、交通这三大城市排放较为集中的重点领域。

工具指南将交通分为运营交通和非运营交通，前者包括道路、轨道、民航和水运，后者包括道路和民航。其排放的基本计算方法仍为排放因子法，即活动水平与排放因子之乘积即为排放量。对于活动水平数据的收集，该工具推荐综合采用自上而下与自下而上相结合的方式，通过统计数据、部门数据等获得诸如城市车辆保有量数据等，对于难以获取或没有统计的数据再通过调研这样自下而上的方法获得，比如车辆出行相关数据。其核算方法与《省级温室气体清单编制指南（试行）》相近，本质上属于 2000 年 IPCC 所推荐的 Tier 2/3 方法。

为了避免排放的重复计算，该工具为核算制定了边界规则，设定了三个排放源的范围（见图 1-6）。"范围一"指城市地理边界内的排放，即直接排放；"范围二"指城市地理边界内的活动消耗的调入电力和热力相关的间接排放;"范围三"指除了范围二排放外所有其他间接排放。其中,属于"范围一"排放源的包括运营交通中道路交通的出租车、公交车、水运等,同时还包括非运营交通中道路交通的摩托车、私家车和机构车辆。城市轨道交通等边界内电力消耗源于"范围二",剩余交通,例如飞机、轮船、火车等方式有明显的地理边界外排放特征,属于"范围三"排放,"范围三"交通排放核算工具尚未开发健全。

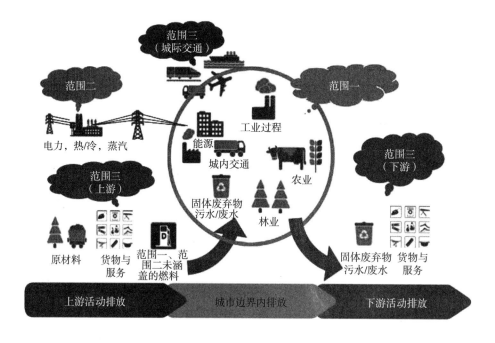

图1-6 中国城市温室气体核算工具排放源边界

（4）行业层面:《陆上交通运输企业温室气体排放核算方法与报告指南（试行）》。

国家发展改革委还针对陆上交通运输企业组织编制了《陆上交通运输企业温室气体排放核算方法与报告指南（试行）》,其适用范围主要包括交通运输部管辖范畴内的交通企业,不包括私人交通。我国交通运输企业拥有自己的能耗统计机制,因此该指南推荐在数据可获取的情况下使用自上而下的核算方法。

综上所述,各个尺度范围的碳排放核算方法的根源均为 IPCC 的指南,按类型可将其分为自上而下与自下而上两种（见表1-2）。理论上在核算碳排放时，最佳选择是同时独立采取两种方法，各自得出结论，之后互相印证或修正。对于国家尺度的核算，自上而下的 Tier 1 和 Tier 2 方法所需数据量相对较少，碳排放可直接由燃油销售数据得到，因此通常会被认为更精确一些。但是对于较小的地理尺度来说就会存在很多问题，比如忽略了燃料异地使用、走私掺假、只购不用等现象。Duduta 和 Bishins 对城市尺度交通温室气体核算方法进行了评价分析，认为自上而下模型并不适合小地理尺度的核算，因为燃油本地购买异地使用占比较大，会导致计算结果失准[28]。自下而上的方法虽对数据要求高，但由于数据颗粒度更细，可为决策制定提供更多的有效信息，在后期可以作为评估减排措施、交通方式贡献率的基础。实际使用时需根据碳核算的目的、尺度以及数据可获得程度定夺。

表1-2 交通温室气体排放核算方法

指南名称	交通温室气体排放核算公式	类型
《国家温室气体清单排放》	Tier 1，Tier 2 排放 $= \sum_j$ 燃料$_j \times$ 排放因子$_j$	自上而下
	Tier 2/3 排放 $= \sum_i \sum_j$ 燃料$_{ij} \times$ 排放因子$_{ij}$ 燃料 $= \sum_i \sum_j$ 车辆$_{ij} \times$ 行驶里程$_{ij} \times$ 燃料经济性$_{ij}$	自下而上
	Tier 3 排放 $= \sum_j$ 行驶里程$_{ij} \times$ 排放因子$_j \times$ 车辆$_{ij}$	自下而上
《省级温室气体清单编制指南》	Tier 2/3 排放 $= \sum_i \sum_j$ 燃料$_{ij} \times$ 排放因子$_{ij}$ 燃料 $= \sum_i \sum_j$ 车辆$_{ij} \times$ 行驶里程$_{ij} \times$ 燃料经济性$_{ij}$	自下而上
《城市温室气体核算工具指南》	Tier 2/3 排放 $= \sum_i \sum_j$ 燃料$_{ij} \times$ 排放因子$_{ij}$ 燃料 $= \sum_i \sum_j$ 车辆$_{ij} \times$ 行驶里程$_{ij} \times$ 燃料经济性$_{ij}$	自下而上
《中国陆上交通运输企业温室气体排放核算方法与报告指南》	Tier 1，Tier 2 排放 $= \sum_j$ 燃料$_j \times$ 排放因子$_j$	自上而下

注：公式中 i 指车辆类型，j 指燃料类型。

对于我国城市交通系统而言，并无翔实的能耗数据统计基础，也没有针对不同车型工况的准确二氧化碳排放因子（kg/km），因此更易采用 Tier2/3 的自下而上测算方法，通过交通里程数、车辆保有量、燃料经济性得到交通燃料消耗值，再乘以当地或缺省的碳排放因子（kg/J）得到城市交通系统二氧化碳排放量。

（5）个体层面：车辆运行排放仿真模型与个体碳足迹。

欧美一些国家根据自身数据统计口径开发了适用于本地区车辆的排放测算模型，诸如 MOVES、COPERT、HBEFA、IVE 模型等（见表1-3）。综合比较这些模型，可以发现这些模型的基本方法源自排放测算方法的 Tier 3，除了可以应用于二氧化碳排放测算外，还可以计算单个车辆运营或者整个路网环境下的大气污染物排放[29]。由于车辆其他污染物气体排放水平，如氮氧化物、硫化物、一氧化碳等对车辆行驶工况以及燃料完全燃烧程度十分敏感，因此模型大多内置了适用于当地的排放因子。不同的模型基于内置排放因子等数据的不同而适用于不同的地区和交通类别。一些适用对象较为广泛的模型，如 IVE，需要大量的基于当地特征的输入数据。而对输入数据要求越低的模型，往往具备了越复杂精确的内置缺省数据，但适用对象则相对局限，如 HBEFA、MOVES，也有学者对这些模型进行过改进，对内部参数进行了本地化处理，使其适用性得到提升[30]。但是由于缺乏排放因子数据和交通活动数据，对于发展中国家而言微观交通排放测算研究仍面临较大挑战。

表1-3　典型交通排放测算模型

名称	开发者	适用对象	数据特点
HBEFA（Handbook for Emission Factors）	德国 INFRAS 咨询公司	德国、瑞士、瑞典等地区	提供基于大量测试数据得到的排放因子
MOVES（Motor Vehicle Emission Simulator）	美国环保局（EPA）	美国本土等	包含以美国为中心的国家默认数据库信息
IVE（International Vehicle Emissions Model）	国际可持续系统研究中心和加州大学河滨分校	发展中国家	综合尺度模型，但需大量数据支持
EcoTransIT（Ecological Transport Information Tool）	海德堡能源与环境研究机构	欧洲货运相关	欧洲货运相关变量默认值
COPERT（Computer Programme to Calculate Emissions from Road Transport）	欧盟委员会（EC）	欧洲部分国家	包含欧洲机动车排放因子

此外，还有针对个体碳足迹（Carbon Footprint，CF）的测算方法，以及个体活动的"碳痕迹"，一般指活动事件、企业机构、个人或者产品所产生的所有二氧化碳排放或者温室气体排放量[31]，表示为二氧化碳当量。其广义概念强调产品全生命周期的整体排放，即"从摇篮到坟墓"的整个过程。该概念源自 Wackernagel 在 1996 年提出的"生态足迹"（Ecological Footprint，EF)[32]，与之相关的概念还包括水足迹、能源足迹等[33]。由于碳足迹揭示了终端消费领域人类活动对全球气候变化的影响，因此目前国际上已经出台了一些碳足迹核算标准，其中大部分是针对企业和产品，如 GHGProtocol、ISO 14064、PAS 2050、TSQ 0010等，其核算方法可以参考前文给出的自下而上和自上而下方法。在交通领域，Larson 分析了液体生物燃料在交通领域全生命周期碳足迹[34]，Constantine 等测算了电动汽车全生命周期排放，包括车辆生产、电池生产和使用阶段[35]，Michael等给出了交通服务全生命周期排放的组成要素及相关关系，包含了车辆运行消耗、车辆建造消耗、车辆维护消耗以及生产能源、材料的消耗等[36]。由于交通服务活动碳足迹涉及的范围较广，研究中对于范围的界定尤为重要[37]，大部分交通碳足迹研究主要集中在测算交通工具运行时所产生的二氧化碳排放量。

1.3.1.2 城市交通碳排放核算实证研究

应用当地已有的统计数据、缺省参数和一些合理设定，也可以计算该地区不同范围内的交通排放量。表 1-4 给出了我国一些城市交通碳排放的测算研究，可以看出，不同城市之间的研究由于核算范围和时间不同，导致结论难以相互比较。对于北京城市交通碳排放测算，有的基于城市统计年鉴口径，范围包含交通、仓储及邮政业，统计的数据为在当地注册的运输企业，因此涵盖"范围三"城际交通运输，但不包含居民日常出行交通量；有的研究则基于居民出行调查数据，不包含货运和城际交通。即使是同一城市同一范围的研究，也可能因为采用方法和基础数据的差异，导致结果差距甚大。例如，刘爽等（2015）分别采用基于车辆和基于出行者的两种方法对 2013 年北京城市客运交通进行了碳排放量测算，结果相差 323.3 万吨二氧化碳，误差近 25%[38]。不可否认的是，这些研究对于反映当地城市交通系统碳排放量和分析子部门排放贡献具有一定的意义，但研究结果之间无法相互比较，因而难以对城市低碳交通发展水平进行一个全尺度的评价。

表 1-4   中国城市交通碳排放测算研究

研究者	城市	范围	输入数据	排放量
刘爽等 (2015)[38]	北京	公交、出租、轨道、私家车	车辆保有量、年均行驶里程、百公里油耗、基于能耗排放因子	1627 万吨 (2013 年)
			出行总人次、平均出行距离、出行比例、基于人公里排放因子	1303 万吨 (2013 年)
柯水发等 (2015)[39]	北京	交通、仓储、邮政行业	不同燃料消费量、基于能耗排放因子	1006 万吨 (2010 年)
张秀媛等 (2014)[40]	北京	公交、出租、轨道、私家车	车辆保有量、年行驶里程、车型比例、基于里程排放因子（额定乘载下）	801 万吨 (2010 年)
谢菲菲 (2013)[41]	北京	公交、出租、轨道、私家车、货运	周转量、基于人（吨）公里排放因子、周转量占比	2357 万吨a (2010 年)
包瑨 (2013)[42]	上海	公交、出租、私家车、摩托、货运、城际客运	车辆保有量、周转量、年行驶里程、百公里能耗、基于能耗排放因子	844 万吨 (2009 年)
张清等 (2012)[43]	上海	公交、出租、轨道、私人、摩托、单位车辆	车辆保有量、年行驶里程、百公里油耗、基于能耗排放因子	754 万吨 (2008 年)
苏城元等 (2012)[44]	上海	公交、出租、私家车、摩托、货运、城际客运	车辆保有量、车辆行驶里程、百公里油耗、基于能耗排放因子	700 万吨 (2005 年)
贾培培 (2012)[45]	西安	公交、出租、私家车、摩托车、货运、铁路、航空	车辆保有量、车辆行驶里程、百公里油耗、基于能耗排放因子	1282 万吨 (2010 年)
邱小燕等 (2015)[46]	扬州	交通、仓储、邮政行业	不同燃料消费量、基于能耗排放因子	62 万吨 (2010 年)
刘鸿远 (2014)[47]	天津	公交、出租、私家车、摩托车、货运、铁路、航空	—	2448 万吨 (2010 年)

注：a 为去除货运和城际客运后的"范围一"交通排放。

1.3.2   交通低碳发展评价方法与应用

交通体系的低碳发展评价一直是学界和政府研究的热点问题，只有对城市交通低碳发展水平给出合理客观的衡量才能够为后续的政策制定提供依据。目前学界流行的评价研究主要包括低碳脱钩评价与低碳评价指标体系。低碳脱钩评价指标关注排放与经济的相对变化关系，适用于基于时间序列数据的个体对象评价；

低碳评价指标体系则更适用于截面数据的比较。

1.3.2.1 低碳交通脱钩评价理论

"脱钩"（Decoupling）一词是"耦合"（Coupling）的反义词，该词最早源于物理领域，在过去的几十年里被广泛应用于学术研究和描述特定的物理现象。耦合表示两个或两个以上的系统之间相互作用而彼此影响以致联合起来的关系。脱钩的含义即为"解耦"或者"去耦"，意为消除两者之间的相互联系。21世纪初，经济合作与发展组织（OECD）发展了脱钩理论，正式将该词应用在农业政策发展研究中，并逐步拓展到经济环境等领域[48-50]。碳排放脱钩即是指经济增长与社会温室气体排放之间关系不断弱化乃至消失的理想过程，即实现经济的增长，同时减少二氧化碳排放（见图1-7）。基于该理论，无论是发展中国家还是发达国家都应该充分重视现有的技术机会，提高资源利用率，实现环境和经济的共同效益，以加快脱钩的进程。

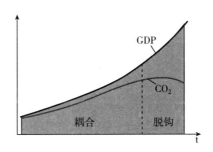

图1-7 碳排放—经济"脱钩"示意图

学者用碳排放经济增长弹性来表征碳排放脱钩的情况，该指标成为衡量各个地区自身低碳发展阶段的有效工具[51]。Petri Tapio 给出了道路交通发展二氧化碳的弹性公式，并在此基础上衡量了欧盟15国1970~2001年的低碳发展情况[52]。该研究将脱钩状态依据二氧化碳排放、GDP和弹性系数三个指标具体划分为八种类别，分别为扩张负脱钩、强负脱钩、弱负脱钩、弱脱钩、强脱钩、衰减脱钩、扩张耦合和衰减耦合（见图1-8），该系数也称为 Tapio 指数。研究发现，EU15国数据测算结果显示客运交通从扩张负脱钩转向扩张耦合，货运交通由弱脱钩转向扩张负脱钩。刘竹等（2011）应用脱钩理论对沈阳市进行了案例研究，基于2001~2008年数据发现该市研究阶段内处于"相对脱钩"阶段，与我国经济宏观发展态势相符合[53]。周银香（2014）分析了中国交通业1996~2012年数据，发现所研究的时间段内中国交通业整体呈现弱脱钩与扩张负脱钩相互交替状态，脱钩效应不强，认为其未来还将继续面临资源和环境的压力[54]。

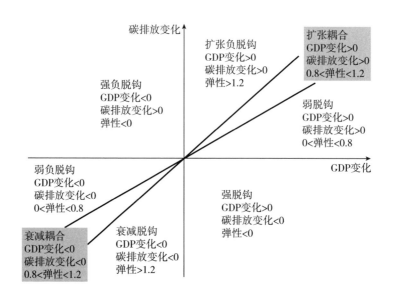

图1-8 脱钩状态度量

资料来源：笔者根据Tapio（2008）的文献整理。

综上来看，脱钩指数为弹性值，脱钩评价方法主要用于观察研究个体不同时期经济与碳排放变化的关系，但难以对单个时间点下的低碳发展程度进行评价，因此也不适用于同一时间截面的横向比较研究。

1.3.2.2 低碳交通评价指标体系

低碳评价指标体系研究最早用于评价一个区域的低碳经济发展情况，而后随着低碳理念的发展，针对各种对象的指标评价体系也应运而生，如城市、交通等。指标体系往往包含了目标层、准则层、指标层和权重层，不同的研究主要体现在准则层选择的区别上。

国际相关机构对此已经制定了若干指标体系以检测交通和环境的影响关系。欧盟一项重要交通类指标体系是"交通与环境报告机制"（Transport and Environment Reporting Mechanism，TERM），TERM 是欧洲环境署（EEA）与欧盟委员会联合发起的一项核心指标诊断系统，其主要目的是检测交通与环境一体化政策的进展与成效。TERM 采用 DPSIR "驱动力—压力—状态—影响—响应"（Driving force-Pressure-State-Impact-Response）框架描述欧盟交通与环境发展状况，主要包含了两个方面的指标：交通与环境状况（Transport and Environment Performance）和交通/环境系统决定因素（Determinants of the Transport/Environment System）。其指标体系的设计旨在回答一系列可持续交通的问题，诸如交通行业的环境状况、交通需求管理和交通结构改善、车辆清洁能源技术的应用、支持政策制定与决策的交通环境监测诊断工具等[55]。环境与可持续发展机构（Institute for Environment and Sustainability，IES）对欧盟及其他国家机构的 10 个主要交通环境指标体系进行了回顾分析，提出了交通活动可持续性评价指标体系，该指标体系沿用了 DPSIR 框架，包括经济、社会、环境、技术运营和制度五个维度[56]。除了国家尺度的低碳交通指标体系外，也有政府或机构针对城市提出了地区层面的低碳交通指标，例如 2010 年印度政府在联合国环境规划署（UNEP）的资助项目下制定了国家层面与城市层面低碳交通发展指标体系。其中，城市层面依照 PSR 框架构建了机动性和可达性、基础设施和土地利用、安全性和治安、环境影响、经济五个维度的指标[57]。2013 年中国台湾台北市交通局制定了用于地方政府诊断交通可持续发展状况和政策措施实施进展效果的评价指标体系。该指标体系包含了经济、环境、社会和能源四个维度的 21 个指标[58]。

我国学者在此领域也做了较多的工作。吴雪等（2012）建立了包含能源、产业、科学技术、建筑、交通、消费方式和社会环境七个方面 33 项指标的低碳经济评价指标体系[59]；朱婧等则基于 DPSIR 模型，将指标体系分为五个方面，建立了低碳城市指标评价体系，并对济源市低碳发展提出了相关建议[60]；马军等（2010）建立了包含经济、产业、科学技术、社会支撑和环境支撑五个方面的低碳经济发展评价指标体系，并对东部沿海六省市进行了评价，结论表明，除上海市为中碳经济范畴，其余五省均属于中高碳或高碳经济范畴[61]。在交通低碳评价研究方面，刘如迪（2014）建立了包含交通工具、基础设施、政策管理和低碳环保能耗四个方面的指标体系，并应用 AHP 和变异系数法相结合的综合赋权法计算了各个指标的权重，对西安市交通低碳化进行了分析，结果表明，西安市交通系统低碳化呈稳步上升趋势[62]；巩翼龙等（2012）建立了包含公路交通规模及路网结构、公路交通实用效率与交通管理以及公路交通能耗与排放三方面的评价体系，以黑龙江省为例的测算结果表明，其公路交通低碳化程度为46.09%，低等级公路比例过高、通达性低等是其高碳的主要原因[63]。

指标体系评价方法的关键在于指标权重的确定，层次分析法是目前相关研究中最为流行的方法，其特点是能够将复杂的问题分解成若干层次，并且有专家和决策者对所列指标进行判断评分，最后再综合得出评判结果。但是该方法的缺陷尤其明显。首先，由于权重多，由专家打分导致评价指标主观性过强，存在模糊性，专家的人选对评价的最终结果会产生直接影响。其次，指标层过多，大多包含十几个甚至几十个测算指标，实际应用起来工作量巨大，仅适用于个别城市测算，难以针对大量城市进行比较，对于数据获取困难的国际城市则更难进行评价。并且指标设定存在扩大化现象，将一些与碳排放量无关的指标也纳入了评价系统，例如交通事故死亡人数等，过多的评价指标并不利于衡量交通系统"低碳"水平。最后，也是最为重要的，是指标没有考虑不同城市之间的差异性，如人口数量、规模大小、经济发展状态等。例如，人口规模小的城市公交发展难以与人口规模较大的城市进行比较，经济较差的地区小汽车购买和使用量自然也小于经济发达地区。若不针对不同城市特点加以附加考量，最终评价结果极有可能会造成评价失准的现象。

1.3.3 交通系统低碳化研究

1.3.3.1 交通碳排放因素分解研究

随着国际上对二氧化碳排放问题的日益关注，近年来国内外学者寻求碳排放驱动因素的研究也越来越多。驱动因素是指影响碳排放变化背后的相关要素，该研究的基础在于碳排放与因素恒等式的设定。该研究领域内最为著名的恒等式要数日本学者Yoichi Kaya在1989年IPCC研讨会上提出的Kaya恒等式[64]，而后被广泛应用在温室气体变化领域的相关研究工作中，其表达形式如下：

$$C = \frac{C}{E} \times \frac{E}{GDP} \times \frac{GDP}{P} \times P \qquad (1-1)$$

式中，C代表一个地区温室气体排放，E代表能源消耗，GDP为该地区生产总值，P 表示人口。需要指出的是，这里 C/E 表示能源排放强度，E/GDP 表示单位 GDP 能耗强度，GDP/P 表示该地区人均 GDP。

Kaya 恒等式以简单的数学形式揭示了四个宏观变量（人口、经济、能源强度和碳排放强度）与温室气体排放的关系，其分解的驱动因子具有可观测、可控制和可解释的特性，常被用于各个国家或者地区的碳排放历史波动变化分析。在此基础上，一些学者对 Kaya 恒等式又进行了多次分解或者变换分解因素构成恒等式，从而又从多种角度（不同城市、不同生产部门、不同燃料种类等）对排放总量变化进行了研究。例如，O'Mahony（2013）对 1990~2010 年爱尔兰碳排放影响因素进行了分解，发现经济与人口增长有助于碳排放增加，能耗强度能够抵消一部分增长，新能源普及率较低，但是减排效果逐渐提升[65]；冯相昭等（2008）利用修改后的 Kaya 恒等式对 1971~2005 年中国的碳排放进行了无残差分析，也得出了较为相似的结论，即经济和人口的增长是碳排放增加的主要因素，能源效率提高有利于减排[66]；李波等（2011）对中国农业碳排放影响因素进行了分解，结果表明，研究期间内效率因素、结构因素、劳动力规模因素对碳排放量具有一定的抑制作用[67]。

对于交通能耗和二氧化碳排放领域而言，国内外也有一些学者做了定量的分析研究，表 1-5 给出了近年来交通领域能耗或排放驱动因素研究的相关文献汇总。例如，Achour 等（2016）[68] 对突尼斯 1985~2014 年的交通能耗进行了分解，结果表明，经济产出、交通强度、人口规模以及交通结构对于能耗的增长起到促进作用，仅能耗强度起到抑制作用；张琳翌（2015）改进了 LMDI 分解法，把影响杭州市碳排放的驱动因素划分为六个影响因素，并分别计算了贡献值，结果表明能源结构碳强度效应起到了减排的作用，其他因素均对排放起到促进作用。[69]

表 1-5　国内外交通能耗排放因素分解相关研究

作者	尺度	研究对象	分解因素
Yunjing Wang 等[70]	城市	2000~2009 年东京、上海客运交通	人口、人均 GDP、单位 GDP 人公里出行距离、单位人公里出行二氧化碳排放、出行方式
张琳翌[69]	城市	2005~2012 年杭州道路交通	人口、人均 GDP、城市人口比例、单位 GDP 能源强度、能源消耗结构、单位能耗碳排放

续表

作者	尺度	研究对象	分解因素
何彩虹[71]	城市	2001～2010 年 上海交通	人口、人均交通 GDP、交通经济产值、能源强度、能源结构
孙启鹏 等[72]	城市	2006～2010 年 西安交通	人口、人均 GDP、交通结构、运输强度、能源消费结构、单耗水平
Luo Xiao[73]	城市	1986～2009 年 东京、上海交通	人口、出行次数、人均出行距离、交通方式、承载系数、排放因子
Becky P. Y. Loo 等[74]	国家	1949～2009 年 中国客运交通	人口、人均 GDP、单位 GDP 出行距离、出行方式、燃油结构、能耗因子
Ming Zhang 等[75]	国家	1980～2006 年 中国交通能耗	交通量、交通结构、子交通结构、能耗强度
Govinda R. Timilsina 等[76]	国家	1980～2005 年 亚洲国家交通部门	人口、人均 GDP、单位 GDP 能耗强度、排放因子、燃料结构、交通结构
Yunjing Wang 等[70]	国家	1985～2009 年 中国交通部门	人口、人均 GDP、单位 GDP 交通量、交通方式、排放因子
Mendiluce 等[77]	国家	1980～2008 年 西班牙客货运交通	交通量、交通结构、能耗强度
Papagiannaki 等[78]	国家	1990～2005 年 丹麦、希腊客运交通	人口、人均汽车保有量、车公里数、车辆结构、能源结构、能耗强度
Achour 等[68]	国家	1985～2014 年 突尼斯交通	人口、人均 GDP、交通活动、交通结构、能耗强度
O' Mahony[79]	国家	1990～2007 年 爱尔兰交通	GDP、人口、出行距离、客运比例、能源强度、单位能源燃料消耗、排放因子

　　从研究对象来看，可以将目前已有研究分为城市尺度和国家尺度，针对单一城市或者国家交通部门进行一段时期能耗或排放因素分解分析，个别研究选取了两个对象进行比较分析。未有研究者针对多个不同地区城市的交通系统进行研究，因此不同城市研究结果由于研究范围和分解因素不同无法进行比较。从分解因素来看，主要包含了人口、人均 GDP、单位 GDP 交通量、交通结构、能耗强度、能源结构、排放因子等因素，可以较为清晰地刻画某一时间段内不同因素的贡献度。驱动因素研究的关键在于恒等式的刻画及因素的选择，分解采用的公式不同，分解出来的影响因素也会有所区别，各有侧重。已有研究大多基于 Kaya 恒等式或者 Kaya 恒等式的变形公式，分解公式无法抛开 GDP 等因素，难以反映

交通系统的能耗或者二氧化碳排放的产生机理，对于后续具体政策作用点的确定缺少帮助性建议，对城市低碳交通政策制定的支撑力度较弱。

1.3.3.2 交通低碳化路径分析研究

对于交通未来如何低碳化发展的问题也有相关学者进行了研究，主要集中在定性方面的分析。2007 年，Dalkmann 和 Brannigan 提出了交通低碳化发展的 ASI 框架[80]，该框架从政策制定的角度给出了交通减碳的措施和路径，包括避免（Avoid）、转移（Shift）和改进（Improve）三个方面，分别从整体系统、居民出行和车辆技术层面提升了交通的效率（见图 1-9）。"避免"路径主要为规划层面的政策措施。在改善城市交通基础设施之前，首先应该降低不必要的机动化出行需求。这可以通过对城市土地利用的精细规划来实现，以期减少日常生活中重要设施间的距离。"转移"路径侧重管理层面，强调提高出行的效率，寻求将人从高能耗的城市机动化出行方式（如小客车出行）转移到更加绿色、低能耗的公共交通出行模式（如公共汽电车、轨道交通等）的措施。轨道交通大多采用电力能源，在交通运行阶段不产生碳排放。虽然公共汽电车等交通方式仍然会产生二氧化碳，但是由于其高承载率的特点，单位人公里能耗更少，因此相较小客车出行会更加低碳。"改进"路径重点偏向于技术层面的提高，关注车辆个体单位距离能耗的运行效率，例如采用更加节能的发动机、减轻车身自重等。长远来看，"改进"路径还包括减少车辆燃料含碳量、采用更为清洁的替代能源等措施。

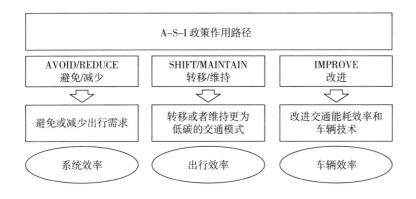

图 1-9　ASI 政策作用框架

资料来源：GIZ. Sustainable Urban Transport：Avoid-Shift-Improve（A-S-I）［J/OL］.[81]

自该框架提出后，后续的相关研究工作者针对具体城市提出的减排建议无不在此范围之中。例如，加州大学伯克利分校的一项研究在归纳 11 个城市政策基础上给出了可持续交通的推进方法，即减少出行需求、减少小汽车出行量增长、提高公共交通供给、改进公共交通运营、减少车辆排放、改善步行和自行车、改进车辆技术[82]。李振宇等总结了欧洲城市交通的历史减排经验，结合我国城市交通实际发展情况，提出了发展公交优先、实行综合减排政策措施等建议[83]。上述低碳转型建议均可以纳入 ASI 框架之内。

1.3.3.3 政策减排效果评估研究

现有的关于城市低碳交通政策减排效果的研究主要为建模仿真，即通过利用数学和计算机方法，对实际的政策问题开展建模和模拟，是综合了经济学、地理学、计算机科学等的一个新兴的研究方向。政策模拟不完全具备实证科学的特点，其仿真模拟的结果是一种计算机实验的结果，各种模拟的政策无法全部作用于现实世界并加以检验，因为政策一旦发挥作用就会改变现实世界，而无法回到原点。

国际上一些科研机构开发了可以评估交通系统减排效果的模型工具，包括MoMo、LEAP、CDM、TEEMP 和 CTF，笔者汇总了其各自特征（见表 1-6）。不同模型针对研究对象的尺度范围有所差异：MoMo 模型适合国家范围研究，包含了所有的运输方式；LEAP 模型为区域范围，可以是国家尺度也可以是省、州及城市尺度；CDM、TEEMP 和 CTF 模型则属于项目尺度，针对具体的项目进行减排效果分析，如修建公交系统。相关工具的建模思路多属于自下而上类型，能够研究底层单位技术微观变化引起的综合效应，对各种工具的技术工艺流程都有比较详细的描述，因此在评估资源生产技术的替代效应上有更高的可信度，可以清晰说明资源消耗、温室气体排放变化的机理，以及什么技术的引进导致了资源消耗和温室气体或污染物排放变化等。该类模型在交通政策减排评估领域里进行了较为广泛的应用，Rabia 等应用 LEAP 模型对拉瓦尔品第和伊斯兰堡机动车2000~2030 年的能耗和排放进行了情景分析，并提出了可以减少能耗和污染物排放的优化的交通政策方案[84]。Sadri 等利用有限的数据对发展中国家交通部门的长期能源环境规划进行了分析，结果表明，公交优先的发展模式是节能减排最为有效的发展模式[85]。劳伦斯伯克利国家实验室（Laurence Berkeley National Lab，LBNL）

表1-6 自下而上政策模拟分析相关工具特点

名称	开发者	使用者	尺度	输入数据	特点
MoMo (Mobility Model)	国际能源署	MoMo 合作者，如 IEA、BP、Shell、Toyota 等	国家	ASIF 框架中的数据及一些因子，如 GDP 和人口增长，燃料经济性、成本、出行需求等	方便地测算、预测和回推国际和地区级别的排放。现有版本包含全亚洲区域（细分为中国、印度以及其他亚洲区域）。但模型无法应用在城市、小区以及项目级别进行分析，且获取渠道有限
LEAP (Long-range Energy Alternatives Planning System)	斯德哥尔摩环境机构	政府机构、学术机构、非政府组织等	区域	载运工具信息，客运和货运需求，方式划分，技术应用信息，各种技术的平均燃料效率，排放因子等	该模型能够提供可靠的宏观分析数据。但未考虑行为因素，也不能用于微观项目层面分析。LEAP 模型的主要优点是它不依赖初始数据和排放软件的可用性高
CDM baseline and monitoring methodologies	《联合国气候变化框架公约》(UNF-CCC)、CDM 项目开发者	CDM 项目开发者与检验者	项目	所有详细的当地自下而上数据，且参数需要一年至少被监测一次	以项目层面为主，技术可靠，但数据密集，难以界定项目边界；"反弹效果"需要被量化
TEEMP (Transport E-missions Evaluation Model for Projects)	CAI-亚洲中心、交通与发展政策研究所 (ITDP)	亚洲开发银行 (ADB)、世界银行等	项目	ASIF 框架参数，如项目周期的交通活动、方式分担、燃料经济性和排放因子、建筑材料、诱发交通量等	灵活性高和设置了缺省参数值。模型支持不同边界框架的数据，PM 和 Nox 的排放也可计算。但模型准确性受到方法制约
CTF guidelines for calculating GHG benefits from clean technology fund investments in the transport sector	清洁技术基金 (CTF)	CTF 合资交通类运营方	项目	具体分类的车辆活动、平均乘客占有率/载量、各类型车辆行驶速度和道路行驶时间、燃油消耗和排放条件、项目周期间燃油经济性的改进	CTF 指南需要复杂的数据和同步跟踪模型的具体输出结果。模型可以得出高精确度的结论。考虑了交通行能力、成本和数据，CTF 指南可以与 CDM 方法相比较

中国能源研究室基于 LEAP 模型开发了绿色资源与能源分析工具 GREAT (Green Resources and Energy Analysis Tool)，该工具是专门针对中国省市一级的能源政策分析和排放评估而设计的一个 LEAP 应用框架，目前已经开展了多次针对地方研究部门及相关单位研究者的培训。

此外，还有一些经济学模型也可应用至交通政策减排效果的分析研究中，包括系统动力学模型、投入产出模型、可计算的一般均衡模型 (Computable General Equilibrium, CGE) 等。在交通政策研究方面，燃料税、燃油标注、新车购置税减免、高排放车辆购买惩罚税、车辆报废激励、车辆限行等多种政策及组合对交通碳排放的影响得到了广泛的关注与分析[86-95]。例如，Burniaux 和 Chateau 评估了 37 个非 OECD 国家取消燃油补贴之后的减排潜力，发现相对于基准发展情景，所有部门到 2020 年将减少 2.5% 的 GHG 排放，在 2050 年减少 8.2%[95]。

1.3.4　进一步研究需求

从上文总结的国内外研究现状来看，交通系统作为温室气体排放的主要源头，其低碳发展研究在 21 世纪受到了广泛关注。但由于统计数据难以获得，城市尺度的定量研究较少，多停留在概念模型和定性分析阶段。仅有的定量分析研究往往针对单个城市，不同文献研究结论无法进行比较，以至于目前学界对城市交通低碳发展的历史规律、现状评价以及未来的发展方向仍处于较为模糊的状态。因此，进一步的研究需要从更为宏观的视角把握城市交通的低碳转型过程和规律，并针对其特点制定相应的政策制度框架，主要体现在以下三个方面：

（1）全球视野下的城市交通低碳发展水平评价研究。已有的交通排放测算研究大多停留于国家尺度间的比较，缺少城市尺度下的分析。少有的针对城市交通碳排放的研究也仅仅关注单个或少数几个城市，全球城市交通碳排放特征尚未明晰。同时，针对交通系统的低碳化发展水平评价多基于指标体系分析，该方法需要统计的指标较多且实际操作上存在主观因素影响，未使用相同指标评价体系的城市难以相互比较，需要建立更为直观有效的评价方法。

（2）城市交通系统低碳转型的长期发展规律研究。从时间角度来看，多数相关研究停留在单个时间点或短期阶段，未有对城市交通碳排放轨迹变化进行长期的跟踪比较，因此无法得知交通碳排放发展变化的历史规律。同时，政策减排效果缺少实证研究，已有的研究分析多针对单一措施，虽然其建模过程中涉及了该类政策的作用机理，但尚未有更为全面的低碳交通政策作用机理模型。因此，需要对城市交通低碳转型的过程规律进行进一步探求。

（3）我国城市交通低碳转型路径与治理模式研究。我国城市交通处于快速的发展时期，但其低碳转型研究还处于起步阶段。国内学者已有研究多关注短期的减排目标，未对城市交通碳排放未来减排潜力进行具体分析。因此，针对典型城市需要尽早明确并建立转型发展目标和路径规划，研究转型过程的特点，并制定与之相符的治理模式和政策措施。

1.4 研究内容与技术路线

1.4.1 研究内容

为了缓解城市交通低碳发展的必要性与不确定性之间的矛盾，本书以城市交通为研究对象，以低碳转型为发展目标，尝试从较为宏观的角度回答"什么"（What）以及"如何"（How）两个方面的问题，并以此组织本书的主要研究内容。本书主要研究框架为：

（1）低碳转型的测算：回答关于"什么"（What）的问题——城市交通碳排放足迹是否存在转型过程？各个城市是否存在地区和时间阶段上的特征与差异？

（2）低碳转型的评价：回答关于"什么"（What）的问题——低碳交通的评价标准是什么？哪些城市的交通体系是真的低碳？

（3）低碳转型的机理：回答关于"如何"（How）的问题——低碳交通相关政策措施如何作用到交通碳排放上？

（4）低碳转型的效果：回答关于"如何"（How）的问题——低碳交通相关政策措施的减排效应如何？

（5）低碳转型的实现：回答关于"如何"（How）的问题——城市交通未来如何实现低碳转型？

本书的章节设定基于上述两个主要问题和五个主要研究内容，除第 1 章绪论及第 7 章结论、政策建议与展望外，第 2 章至第 6 章分别探讨了低碳转型的测算、评价、机理、效果和实现。各章研究内容与上述研究框架的关系见图 1-10。

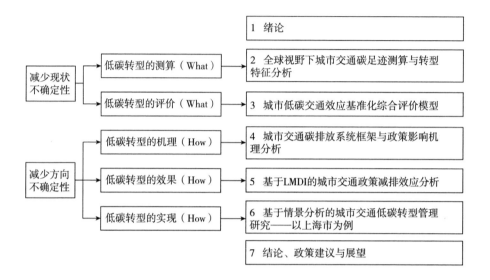

图 1-10　本书章节安排与研究框架关系

1.4.2　技术路线

技术路线是研究内容与研究方法的结合，本书依据"背景—测算—评价—机理—效果—实现—总结"的路径展开，综合应用了特征分析、回归分析、系统动力学、因素分解、情景分析等方法，按照由数据到信息再到知识以及从理论到实践的思路开展研究工作，具体研究技术路线如图 1-11 所示。

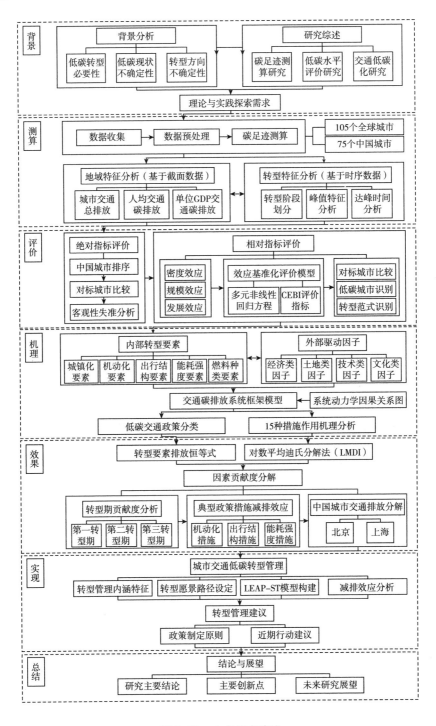

图 1-11 本书技术路线

2 全球视野下城市交通碳足迹测算与转型特征分析

"如果你无法测算它，那你就无法改善它"，这是英国著名物理学家Kelvin的一句名言，放在城市交通系统温室气体排放研究领域里同样适用。碳排放测算研究是城市交通低碳转型的基础，只有在此前提下才能够描绘出城市交通碳足迹的轨迹变化特征，进而回答"全球城市的交通系统是否普遍存在低碳转型过程"这一问题。由于地理、经济、文化等差异，全球城市交通机动化发展特征也不尽相同，这将会使来自不同地区的城市交通排放呈现出不同的特征。明确交通碳排放在空间分布和时间上的共同特征和差异之处，有利于后续对我国城市交通低碳转型展开针对性的分析。然而，由于数据统计口径的相异以及难获得性，目前学界还从未有对全球城市交通碳排放的跨区域、跨时间的比较研究。笔者在本章整理收集了翔实可靠的交通数据，并对缺失数据进行了合理的填补，共涉及分布于六个大洲的180个城市，时间跨度长达半个世纪。通过对各个城市交通碳足迹的测算和分析，本章总结了这些城市交通足迹转型的特征，划分了其转型阶段，并明确了低碳转型发展是全球城市交通未来的共同趋势。

2.1 数据来源与测算方法

2.1.1 数据来源

本章研究工作的开展需要大量可靠且翔实的数据，由于城市交通数据本身的复杂性和难获得性，无法通过单一数据来源进行获取，因而笔者通过广泛的渠道进行收集并集中筛选整理。研究中采用的国际城市数据主要由美国劳伦斯伯克利国家实验室、国际公共交通运输联盟（Union Internationale des Transports Publies，UITP）以及科廷大学可持续政策研究所（Curtin University Sustainability Policy Institue，CUSP）提供，共包含了三个主要的数据库，分别为 *An International Sourcebook of Automobile Dependence in Cities* 1960−1990、*UITP Millenium Cities Database for Sustainable Transport Mobility in Cities* 和 *Mobility in Cities Database* 2015。国内城市数据则主要来自笔者对相关城市的官方公开数据的收集整理，包括地方政府的统计年鉴、交通年报和城市居民出行调查等。

2.1.1.1 国际城市数据来源

An International Sourcebook of Automobile Dependence in Cities 1960−1990 由 JeffKenworthy 和 FelixLaube 等联合所著，耗时 8 年共收集了 1960 年、1970 年、1980 年和 1990 年全球五个大洲 46 个城市交通相关的 80 多个指标数据。该书绘制了大量的图表，因此读者可以快速寻找到目标城市的相关数据，并且可以获取全球视角下该指标数据的对比情况。针对该数据集并未涉及的城市，还提供了翔实的数据获取方法，具体描述了如何得到基于相同口径能够用于比较的相关数据，为当时学术界、规划界以及政府工作人员开展城市交通、土地利用、能源消耗等领域的研究提供了坚实的数据基础。

而后国际公共交通运输联盟承担起了数据收集整理编纂的任务，至今一共又发布了三份全球城市交通数据集，本书中称之为 MCD（Mobility in Cities Database）系列。虽然少数统计指标定义在版本更新时会有所变化，但由于 Kenworthy 教授仍为数据集的主要编制团队成员，MCD 系列的城市交通相关数据统计口径基本延续了第一本数据集中的设定，因此保证了四份数据集的连续性和一致性。*Millennium Cities Database for Sustainable Transport* 是 MCD 系列的第一版数据库，库中收集了 100 个国际城市 1995 年或 1996 年城市交通、土地使用、基础设施、经济和环境等 230 多个指标数据。*Mobility in Cities Database* 是该系列的第二版，于 2006 年更新，数据库中包含了 51 个城市的 120 个指标数据。2017 年 7 月 UITP 更新了 MCD 系列的最新版本，即 *Mobility in Cities Database* 2015，其中包含了 2012 年 63 个城市的 85 项标准化数据。MCD 系列数据涉及城市范围之大、数据之多、层级之复杂超出以往任何相关统计集，其收集、整理、补全工作十分不易，编制时间跨度一般在 10 年左右，因此截至目前，2012 年已是能够获取到的可供研究数据的最近年份。

表 2-1 和图 2-1 分别为国际城市数据集结构和样式。

表 2-1　国际城市数据集结构

数据集		ISADC	MCDST	MCD	MCD2015
	年份	1960、1970、1980、1990	1995、1996	2001	2012
	城市数量	46	100	51	63
	指标数量	80	230	120	85
	人口经济数据	√	√	√	√
	就业岗位数据	√	√	√	√
	道路网络数据	√	√	√	√
数据类型	停车位数据	√	√	√	√
	机动车保有量数据	√	√	√	√
	居民出行行为数据	√	√	√	√
	公共交通运行数据	√	√	√	√
	个体机动化运行数据	√	√	√	√
	交通能源使用数据	√	√	√	√
	污染物排放数据		√		
	交通基础设施投资		√		

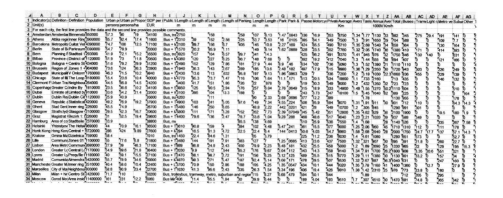

图 2-1　国际城市交通数据集样式

2.1.1.2 中国城市数据来源

中国城市人口数量、国内生产总值等数据源自《中国城市统计年鉴》，城市面积数据源自《中国建设统计年鉴》。相较人口经济数据，交通相关数据则十分匮乏，因此本书中的交通数据源自对各类相关统计资料的收集整理。例如，居民出行相关数据源自各个地方城市交通发展年报、居民出行调查统计报告以及国内多所规划机构的长期项目调研积累等，一共整理收集了75个城市截面数据。

国内城市交通数据匮乏一方面是由于数据公开力度有限，另一方面是由于统计口径混乱，时常更改，更有许多相关指标根本并未纳入统计。因此，即使是很早进行了系统的城市居民出行大调查的北京、上海、深圳等城市，也仍然仅有部分年限数据较全，需要在后续评估测算国内城市交通碳排放过程中为其缺少的参数进行合理填补（见表2-2）。

表2-2 国内城市数据集结构

	城市	北京	上海	深圳	其他城市
	统计年份	1986、2000、2005、2010、2014	1986、1995、2004、2009、2014	1998、2005、2010	单一年份（2010年近期为主）
数据类别	人口经济数据	√	√	√	√
	就业岗位数据				
	道路网络数据		√	√	
	停车位数据		√		
	机动车保有量数据	√	√	√	√
	居民出行行为数据	√	√	√	√
	公共交通运行数据	√	√	√	
	个体机动化运行数据	√	√	√	
	交通能源使用数据		√		
	污染物排放数据		√		
	交通基础设施投资	√	√	√	

2.1.2 城市地域分布

研究计算的城市共计180个，包含了6个大洲44个国家（地区），其中有94个亚洲城市、49个欧洲城市、21个北美洲城市、7个澳大利亚城市、6个非洲城市和 3 个南美洲城市。

国际城市主要为各国首府或者地区知名城市（见表 2-3）。欧洲城市中，法国、英国、德国城市居多，北美城市主要位于美国和加拿大。亚洲城市中包含了 75 个中国城市、6 个中东城市，其余 13 个城市主要分布在东亚、南亚和东南亚。城市边界的划分参照了数据集自身相关定义，以确保所研究城市在不同测算时间下城市范围定义相同。例如，日本东京范围包括其整个都市圈，涵盖东京都、埼玉县、千叶县和神奈川县。中国城市则涵盖各个分级，从特大城市北京、上海、广州、深圳至一些地县级市。由于行政边界划分地区中有大量非城市土地，若基于城市总面积测算则会引起计算上的偏差。因此，研究中城市面积指标为建成区面积，人口为城市常住人口，以便于和国际城市进行横向比较。

从时间上而言，国际城市数据重要截面包括 1960 年、1970 年、1980 年、1990 年、1995 年、1996 年、2001 年和 2012 年。中国城市中北京交通排放测算年为 1986 年、1995 年、2000 年、2005 年、2010 年和 2014 年；上海测算时间点为 1986 年、1995 年、2004 年、2009 年和 2014 年；深圳测算时间点为 2000 年、2005 年和 2010 年；其他中国城市交通测算点为 2010 年前后。

表 2-3　研究城市具体分布列表

地区		城市					
亚洲	中国	北京	上海	广州	深圳	台北	香港
		天津	哈尔滨	沈阳	杭州	西安	温州
		济南	太原	厦门	长沙	青岛	郑州
		徐州	昆明	中山	柳州	西宁	兰州
		莱芜	泰安	包头	潍坊	珠海	宝鸡
		天水	济宁	福州	芜湖	石家庄	保定
		武威	蚌埠	泸州	宜宾	滨州	平凉
		连云港	临汾	三亚	辽阳	威海	安庆
		株洲	安顺	巴彦淖尔	马鞍山	渭南	库尔勒
		宣城	通辽	濮阳	承德	新泰	曲阜
		大丰	延安	青州	都匀	六盘水	南平
		中卫	清镇	凯里	铜仁	鄂尔多斯	吉首
		天长	扬中	邵武			

续表

地区		城市					
亚洲	中东	迪拜	阿布扎比	耶路撒冷	特拉维夫	利雅得	德黑兰
	其他	马尼拉	首尔	吉隆坡	大阪	札幌	东京
		曼谷	新加坡	孟买	金奈	泗水	雅加达
		胡志明市					
欧洲		慕尼黑	杜塞尔多夫	鲁尔	汉堡	斯图加特	莫斯科
		里昂	法兰克福	马赛	南特	巴黎	里尔
		克莱蒙费朗	斯特拉斯堡	赫尔辛基	阿姆斯特丹	鹿特丹	布拉格
		奥斯陆	里斯本	斯德哥尔摩	哥特堡	苏黎世	日内瓦
		伯尔尼	巴塞罗那	马德里	毕尔巴鄂	塞维利亚	瓦伦西亚
		雅典	布达佩斯	罗马	都灵	米兰	波伦亚
		伯明翰	曼彻斯特	纽卡斯尔	格拉斯哥	伦敦	维也纳
		格拉茨	布鲁塞尔	根特	华沙	克拉科夫	哥本哈根
		柏林					
北美洲		温哥华	多伦多	渥太华	卡尔加里	温尼伯	埃德蒙顿
		蒙特利尔	萨克拉门托	圣迭戈	菲尼克斯	底特律	波士顿
		亚特兰大	休斯敦	洛杉矶	丹佛	纽约	华盛顿
		芝加哥	波特兰	旧金山			
大洋洲		堪培拉	墨尔本	悉尼	阿德莱德	珀斯	布里斯班
		惠灵顿					
南美洲		库里蒂巴	圣保罗	波哥大			
非洲		开罗	突尼斯	哈拉雷	约翰内斯堡	开普敦	达喀尔

2.1.3　碳足迹测算方法

2.1.3.1　测算公式

本章所研究的城市交通碳足迹包括三个指标，即城市交通二氧化碳总排放、人均城市交通碳排放和单位 GDP 城市交通碳排放。后两者的测算均需要建立在城市交通总排放测算的基础上。基于第 1 章对交通部门二氧化碳排放已有测算方法的综述，考虑在数据可以获得的情况下，依据数据集数据的类型采用自上而下与自下而上相结合的测算方法。即对于数据集中包含城市交通燃料消耗总量的城市采用自上而下的测算方法，对于无法获得燃料消耗数据的城市，则需要通过车辆单位里程能耗进行推算，即自下而上方法。针对目前已有数据，国际城市交通碳排放测算 1960 年、1970 年、1980 年和 1990 年宜综合采用两种方法测算，后续年份采用自下而上方法，国内城市交通碳排放测算则采用自下而上方法。其中，自上而下方法测算公式为：

$$C = \sum_i EF_i \times k_i \tag{2-1}$$

式中，C 为城市交通二氧化碳排放量，i 为燃料种类，EF 为城市交通燃料消耗量，k 为燃料排放因子。

城市交通二氧化碳总排放自下而上测算公式为：

$$C = \sum_i \sum_j EF_{ij} \times k_i \tag{2-2}$$

$$EF_{ij} = \sum_i \sum_j V_{ij} \times VKM_{ij} \times e_{ij} = \sum_i \sum_j P \times \frac{L_j}{\alpha_j} \times 365 \times e_{ij} \tag{2-3}$$

式中，j 为交通方式，V 为车辆数，VKM 为车公里数，P 为城市人口数量，L_j 为 j 类交通方式人均日出行距离，α_j 为 j 类交通工具承载系数。

由于城市的大小、人口基数不同，不同规模的城市无法比较城市交通碳排放的总量，因此需要对其去权以比较人均交通排放水平。计算公式如下所示：

$$c_p = \frac{C}{P} \tag{2-4}$$

式中，C 为城市常住人口，c_p 为人均城市交通二氧化碳排放量。

单位 GDP 城市交通碳排放测算公式如下所示：

$$c_g = \frac{C}{G} = \frac{c_p}{g} \tag{2-5}$$

式中，c_g 为城市单位 GDP 交通二氧化碳排放量，G 为城市年生产总值，即城市 GDP，g 为城市人均生产总值，即城市人均 GDP。

2.1.3.2　购买力平价 GDP 换算

以现实汇率标准化的城市 GDP 指标无法真实反映不同地区的人民生活水平，若采用此方法比较各城市单位 GDP 交通碳排放水平将会产生误导。例如，如果日元相对于美元贬值一半，那么以美元为单位的国内生产总值也将减半，但这并不代表日本国民生活质量降低了一半。因此，在进行全球城市指标对比研究时，通常采用购买力平价（Purchasing Power Parity，PPP）的方法来换算各国城市人均 GDP 水平。

购买力平价表示国家间商品的综合价格之比，即两种或多种货币在不同国家购买相同数量和质量的商品和服务时的价格比率。比如，购买相同数量和质量的鸡蛋，在中国用了 40 元人民币，在美国用了 10 美元，则人民币对美元的购买力平价转化系数为 4∶1。将原有货币计量的人均 GDP 指数除以货币购买力平价这一价格转换系数就可得出能够真实反映市民生活水平的人均 GDP 指数。本书即采用这种方法，相应的 PPP 货币转换系数如表 2-4 所示，相较汇率换算方法系数有所差异。例如，2012 年人民币与美元的平均汇率为 6.31，而购买力平价转换系数为 3.53，两种方法计算出的 GDP 要相差 1.79 倍。

表 2-4　相关年份 GDP 购买力平价转换系数

年份	1986	1995	2000	2004	2005	2009	2010	2012	2014
人民币兑美元 PPP 系数	1.38	2.59	2.72	2.85	2.85	3.17	3.24	3.40	3.57

资料来源：依据 https：//www.quandl.com/data/ODA/CHN_ PPPEX-China-Implied-PPP-Conversion-Rate-LCU-per-USD 中数据整理。

2.1.4　研究边界

本章研究对象为城市市民内部出行使用的交通系统，不包括城际交通和货运交通，属于城市温室气体排放源中的"范围一"。按出行方式，其范围包括了三类："高碳"个体机动交通方式、"低碳"公共交通方式和"零碳"慢行交通方式（见图 2-2）。其中，个体机动交通方式包括了私家车、摩托车等，出租车由于

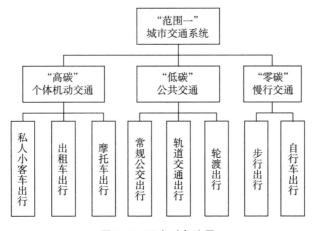

图 2-2　研究对象边界

其"高碳"特征在本书中也被划分进个体机动交通大类；公共交通方式包括了公交巴士、轨道交通和轮渡等；慢行交通包括步行和自行车，这些交通方式出行消耗出行者自身生物能量，交通工具本身并不会产生二氧化碳排放。

2.2 缺失数据处理

2.2.1 缺失值处理方法

依据公式，城市交通碳足迹测算所需要的数据类型包括了人口经济数据、机动车保有量数据、居民出行行为数据、公共交通运行数据、个体机动交通运行数据和交通能源使用数据。在上文提到的已收集数据集合中仍有部分数据缺失，体现在三处：国际城市数据集中缺少 2012 年国际城市交通的交通能源使用数据；国内城市中除北京、上海、广州、深圳之外的其他城市缺少交通运行数据和能源使用数据；2000 年后新能源车辆推广迅猛，而目前统计数据中尚未囊括电动车辆占有率数据。为了得到较为全面准确的城市交通碳排放水平，在测算前需要预先对缺失数据进行处理。

对于缺失数据的处理可以参考统计学中的方法，总体上可分为两种，即删除存在缺失值的个案和采用合理数据对缺失值进行填补。

2.2.1.1 删除法

简单删除是对缺失值处理的最原始且最简单的方法，解决方法就是将存在的缺失值删除，形成一个完整的调查表。当被调查对象出现缺失的变量数值时，并且这些缺失的变量数值占总体数据量很小的情况下，使用删除法非常有效。但是这种方法有它的不足之处，即在删除的过程中减少了原始数据，使信息有所损耗，这意味着同时也丢失了包含在被删除数据中的资讯。特别是当被研究的对象本身数据量很小的时候，删除少量数据就足以影响整体结果的客观性以及正确性。当缺失数据占总体数据比例很大时，这种方法将会导致错误结论。因此，对本书而言，仅适合删除缺失量占整体比例很小的数据值。

2.2.1.2 填补法

所谓填补法，是指采用合适的手段为调查中的缺失数据确定一个合理的替补值，填补到原缺失数据的位置上。填补可以达到两个目的：首先是减少由于数据缺失可能造成的估计量偏差；其次是可以构造一个完整的数据集，为后面的分析工作提供方便。为此，就要使确定的填补值尽可能地接近缺失的原始数据。事实上，缺失数据的真实值我们是无法得知的，因此需要尽可能地确保填补方法的合理和有效。

填补法具体又可以分为人工填补法、均值填补法和回归填补法。人工填补法指的是依据专业知识对缺失数据进行填补，该方法较为精确，但不适用于大量缺失数据的填补；均值填补法就是分别计算各个变量的均值，将各组的均值作为各变量内所有缺失项的填补值；回归填补法是运用回归技术来替代缺失数据的方法，它是通过多元回归方法建立变量关于数据集所有其他变量的回归模型，并用非标准化的结果预测该变量的缺失数据来实现的。本书综合采用了这几种方法，针对不同的缺失数据进行了填补。

2.2.2 缺失值填补说明

2.2.2.1 国际城市数据补全

由于 MCD2015 中缺少了国际城市 2012 年的交通能源使用数据，无法使用自上而下方法进行测算，而使用自下而上方法进行碳排放测算时也需要对交通能耗强度数据进行合理设定补全。本章在处理缺失数据时的主要思路为：首先剔除 2012 年数据集中新增加的国家的城市，该类城市中既无往年数据进行回归预测，也无同一国家城市数据作为基础做均值填补。其次对各国家 2001 年后城市交通能耗强度采取人工填补方法，通过对能耗强度年均变化系数进行合理设定，以得出 2012 年城市交通能耗强度；2001 年未统计的城市交通能耗强度用该国其他城市能耗强度均值填补，对于作为数据集中自身国家唯一的城市则采用历史数据回归得到。

能耗强度变化系数的设定参考了全球燃料经济倡议组织报告 *Global Fuel Economy Initiative—Plan of Action* 2012-2015 中给出的全球国家 2005~2008 年车辆百公里油耗的变化率（见表 2-5）[96]。报告中统计的国家包括 OECD 国家和非

OECD 国家。从表中可以看出，OECD 国家的运行车辆能耗强度有明显的下降。这个统计包括了世界上主要的车辆生产国，诸如美国、日本、韩国以及大部分欧洲国家等，这些国家均为新生产的机动车制定了较为严格的燃油经济性标准（见图 2-3）[97]。图中显示，在 21 世纪前十年，各国生产新车的燃油经济性标准变化趋势基本相似，在原有基础上保持缓慢地上升。因此，假设车辆报废周期稳定，全体运行车辆的平均能耗强度在此期间内应保持较为接近的变化系数，故以−2.28%设定为 2001~2012 年 OECD 国家的交通能耗强度年均变化系数。

表 2-5　运行车辆平均百公里油耗　　　　　　　　单位：L/100km

	2005 年	2008 年	年均变化系数
OECD 国家平均值	8.21	7.66	−2.28%
非 OECD 国家平均值	7.49	7.68	0.84%
全球平均值	8.07	7.67	−1.68%

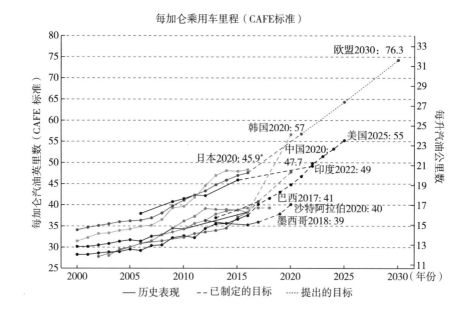

图 2-3　典型国家车辆燃油经济性标准比较

注：＊日本在 2018 年已经达到了其设定的 2020 年目标。

资料来源：Yang Z, Bandivadekar A. Light‑Duty vehicle greenhouse gas and fuel economy standards [R]. 2017.[98]

非 OECD 国家则呈现不同的情况，其平均百公里油耗在 2005 年时甚至低于 OECD 国家水平。这是因为非 OECD 国家在此期间正在经历快速化的机动化过程，更加节能的新车销售量和市场占比极大，因此平均的车辆百公里油耗强度更低。由于很多非 OECD 国家没有及时制定燃油经济性标准，所以在调查期间变化不大，甚至出现了小幅度的增长。故在此设定除中国以外的非 OECD 国家在 2001~2012 年车辆百公里油耗强度保持较为稳定的状态。

2.2.2.2 中国城市数据补全

国内城市缺失的数据主要集中在除北京、上海、广州、深圳外的其他城市的机动化运行数据和能耗使用数据，具体为各个城市每种交通方式日均出行距离和承载系数以及交通能耗强度。由于难以获取到各个城市交通的可靠统计数据，因此必须要对其进行合理的设定。

国内数据集中包含了城市居民出行行为数据，因此城市交通方式人均日出行距离可以通过人均日出行次数、人均单次出行距离、交通方式划分比例等计算得出，计算公式如下：

$$L_j = \frac{n \times \beta_j \times l_j}{\sum_j (n \times \beta_j \times l_j)} \times n \times l \tag{2-6}$$

式中，n 为城市人口日均出行次数，β_j 为 j 类交通方式出行比例，l_j 为 j 类交通方式单次出行距离，l 为城市人均次出行距离。

为尽可能消除城市碳排放测算的误差，通过大量相关文献材料的整理，结合北京、上海等城市各类交通方式出行平均距离以及调查的各个城市平均单次出行距离，对其各类交通方式次出行距离进行了设定。同时，设定摩托车、小汽车和常规公交车的承载系数分别为 1、1.5 和 20。

交通方式能耗强度数据参考 2008 年由海德堡能源与环境研究所和中国国家发展改革委综合运输研究所的合作研究成果[99]，该研究报告中对中国城市交通平均能耗强度进行了赋值（见表 2-6），本书参考借鉴了此数据。我国虽然并非 OECD 国家，但是也在 21 世纪制定了较为严格的车辆燃油经济性标准。2004 年 9 月，中国发布了第一个控制汽车燃料消耗的强制性国家标准《乘用车燃料消耗限值》，第一阶段从 2005 年 7 月 1 日开始对新认证车型生效，1 年后对在生产车型生效。第二阶段从 2008 年 1 月 1 日对新认证车型生效，1 年后对在生产车型生效。但同时由于近年来大排量高油耗汽车销售比例逐年增高，因此综合考虑设定我国城市新增车辆能耗强度在 2001~2006 年年均增长 0.84%，2006~2009 年不变，2009~2014 年年均下降 1.68%。

表 2-6　中国交通能耗强度　　　　　　　　单位：L/100km

	燃料消耗	资料来源
摩托车平均	4.1	贺克斌等[100]、霍红等[101]
城市道路平均	11	贺克斌等[102]
城市公共汽车平均	35	中国国家发展改革委综合运输研究所[99]

2.2.2.3　电动车市场占有率设定

21 世纪开始，电动汽车的发展已经不容忽视，2010 年左右各个国家纷纷推出了新能源汽车的国家发展计划。2009 年美国发布了《振兴与再投资法案》，奥巴马政府选择重点发展插电式电动汽车，力争 2015 年成为首个路上行驶 100 万辆电动汽车的国家。同年，德国制定了《德国联邦政府国家电动汽车发展计划》，提出 2020 年德国在行驶的电动汽车总量达到 100 万辆，2030 年达到 500 万辆，至 2050 年德国城市交通基本摆脱化石燃料。紧随其后，2010 年日本颁布《下一代汽车战略 2010》，力争 2020 年电动汽车占新车销量的 20%。我国也在同期制定了多项推动电动汽车发展的战略政策，包括 2009 年的《关于开展节能及新能源汽车示范推广试点工作通知》《汽车产业调整和振兴规划》以及 2010 年的《关于开展私人购买新能源汽车补贴试点的通知》等。自此之后，全球电动汽车的发展呈现一片欣欣向荣之景，其市场保有量也出现了急速增长（见图 2-4）。由此可见，汽车电动化已经成为了不可逆转的趋势。2011 年全球共售出约 4 万辆电动汽车，比 20 世纪末曾出现的电动汽车保有量历史峰值（约 3 万辆）还多[103]，2012 年销售量更是翻倍增长，售出约 12 万辆。虽然电动汽车保有量只占据全球汽车保有量市场的很小一部分，2012 年时仍不足 0.02%，但这一年作为汽车能源变革的开始，在城市交通二氧化碳排放测算中应有所体现电动汽车市场份额因素的影响。

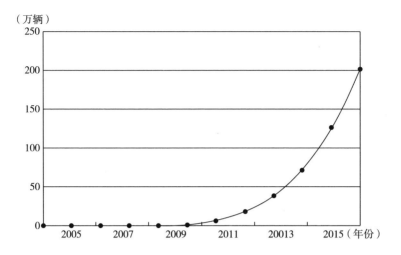

图2-4 2005~2016年全球电动车辆保有量

资料来源：笔者依据 *Global EV Outlook* 2017 给出的数据进行整理绘制。

本书参考国际能源署 *Global EV Outlook* 2017 给出的全球电动汽车保有量和销售量数据以及《电动汽车城市案例手册2012》中典型国际城市的电动车保有量数据（见表2-7）[103,104]，对各个城市2012年电动汽车市场占有率进行了设定。需要说明的是，2012年是中国"十城千辆"计划收官之年。该计划共有25个示范城市，包括了北京、上海、重庆等城市。笔者在测算国内城市交通碳排放时，以上海市电动汽车市场占有率数据作为其他示范城市的电动汽车市场占有率设定的基础，其余非示范城市电动汽车保有量占比设置为零。

表2-7 典型城市电动汽车保有量及占比

城市	国家	年份	电动车保有量（辆）	比例（%）
柏林	德国	2011	350	0.03
汉堡	德国	2011	350	0.04
阿姆斯特丹	荷兰	2012	750	0.30
布拉邦特	荷兰	2011	755	0.04
鹿特丹	荷兰	2012	1000	0.47
纽约	美国	2012	238	0.01
波特兰	美国	2012	1300	0.25

城市	国家	年份	电动车保有量（辆）	比例（%）
洛杉矶	美国	2012	2000	0.08
长崎五岛群岛	日本	2011	155	0.04
神奈川	日本	2011	2183	0.07
斯德哥尔摩	瑞典	2012	100	0.04
巴塞罗那	西班牙	2012	480	0.05
英格兰东北部	英国	2012	150	0.01
上海	中国	2011	1633	0.10

资料来源：Casebook E C. A look at the global electric vehicle movement. organisation for economic cooperation and development ［J］. International Energy Agency, Paris, 2012.

2.3 基于截面数据的城市交通碳足迹空间特征分析

2.3.1 城市交通碳足迹区域分布特征

2.3.1.1 各大洲城市交通碳足迹分布特征

依据上文给出的测算方法和数据，全球 180 个城市的交通碳排放水平被测算得出。为了方便比较，笔者选取了数据最全的年份 1995 年以及最新年份 2012 年的截面数据进行分析。

结果显示，相较 1995 年和 2012 年，由于时间上的变化和统计城市的差异，个别区域有微小的变化，但是整体的分布特征保持一致。高碳足迹城市主要分布在北美洲地区，其城市交通二氧化碳总排放、人均城市交通碳排放、单位 GDP 城市交通碳排放三项指标均处于全球最高水平。大洋洲城市交通碳足迹平均水平仅次于北美城市。与两者相对应的是欧洲城市，其三项指标均较低。

相较经济较为发达的北美洲、大洋洲和欧洲地区，亚洲、南美洲和非洲城市三个指标的分布特征则并不完全统一。从人均交通碳排放指标来看，三个大洲城市均处于全球最低水平行列。从总排放指标来看，一些拥有大量人口的亚洲城市虽然人均交通排放较少，但是从城市交通总量来看，产生的碳排放也位于全球较高水平，例如东京、首尔。若从单位 GDP 交通碳排放指标来看，非洲、南美洲和亚洲部分地区城市碳排放位于全球高水平行列。这些地区发展相对于欧美城市较为落后，交通机动化程度有限，但其经济发展程度更为滞后，极低的人均 GDP 水平致使其单位 GDP 交通碳排放量已然很高。

2.3.1.2 中国城市交通碳足迹分布特征（不含港澳台地区）①

同全球城市交通碳足迹分布的规律类似，幅员辽阔的中国大地上城市发展阶段特点也不尽相同，也存在着区域性的分布特点。整体来看，高碳足迹的城市主要为区域的中心城市。城市交通总排放指标最高的为四个特大城市——北京、上海、广州、深圳，其中又以北京最高。人均交通碳排放指标较高的除了四个特大城市之外还包含了各个省份的省会城市或者经济中心城市，如长沙、沈阳等。

单位 GDP 交通碳排放指标亦如亚洲地区的分布一样，并未呈现明显的规律。不论城市的规模大小、区位沿海还是内陆，其城市交通系统均有可能出现较高的排放水平。一些中西部小城的单位 GDP 交通碳排放量反而要超出特大城市和省会城市的水平，如延安等。

2.3.2 各大洲城市交通碳足迹差异分析

依据城市的地理区位划分，笔者绘制了各大洲城市交通二氧化碳总排放、人均交通碳排放和单位 GDP 交通碳排放三个碳足迹指标下的箱形图（见图 2-5），该图能够更为清晰地展现不同地区间以及大洲自身城市间的交通排放差异性。

---

① 首先，本书从多个渠道收集了大量的数据，其中中国城市数据主要依赖于国内的统计报告以及各个城市的相关交通调查。出于数据收集能力原因及实际统计情况，在该口径下较难获取同一可比年份中港澳台的数据，如本书从《中国城市统计年鉴》中获得国内城市人口、交通运量、结构等数据，但该统计年鉴中并未包含港澳台地区，因此同口径下的相关可比数据较难获取。其次，本书参考了最新的第一财经对国内新一线城市的划分，采用其原因有两个方面：新及权威。该榜单每年发布，综合考量多个维度，排名系统实用且参考价值大。同时参与该榜单评选的专家委员包含中华人民共和国住房和城乡建设部、中国社会科学院、北京大学、中国城市规划设计研究院、上海交通大学等单位的大咖，因此具有权威性。但同样出于比较口径等原因，该评价体系也仅对非港澳台地区城市进行排名。

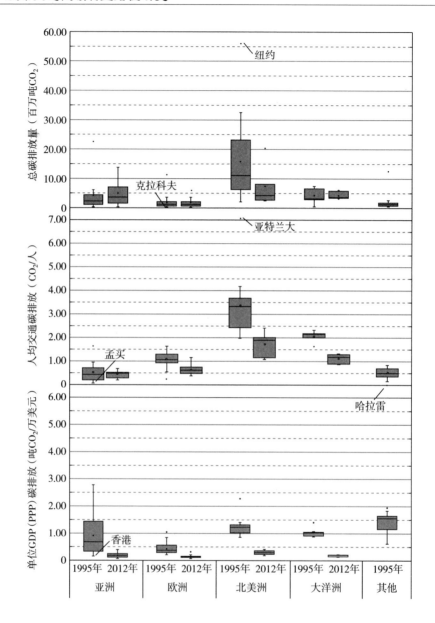

图 2-5　国际城市交通碳排放地域差异分析（1995 年与 2012 年）

注：为方便比较，亚洲城市仅含中国特大城市，其他地区包含南美洲、非洲城市。

　　整体上看，全球城市交通排放区域间差异巨大。北美洲城市各年交通二氧化碳总排放和人均指标均为最高，大洋洲城市紧随其后，欧洲城市位于较低水平，之后是亚洲、非洲和南美洲城市。以人均交通碳排放指标衡量,1995 年北美洲平均值为 3.37 吨 CO_2/人,分别较大洋洲、欧洲、亚洲和其他地区城市平均水平高出 1.7 倍、3.2 倍、6.7 倍和 6.9 倍。2012 年较 1995 年,除去亚洲城市交通总排放指标有所增长以外,其余大洲城市交通碳足迹各个指标的平均值均呈现下降趋势,但洲际差异仍然存在。

各大洲城市单位 GDP 交通碳排放水平也有所差异,程度相较另两个指标较小。北美洲、大洋洲、欧洲依然保持同样的由高至低的排序,同一大洲城市排放水平较为集中,图中表示为箱形图面积相对较小。而亚洲、非洲和南美洲城市平均水平与北美洲和大洋洲地区相当,甚至超出。但是同一大洲城市之间差异较大,有排放较高的城市,也有排放很低的城市,在图中显示即箱形图面积较大。1995~2012 年,各大洲城市单位 GDP 交通碳排放水平均显著下降,虽然洲际差异犹在,但已趋于接近。平均每创造 1 万美元价值的商品或服务需要城市交通系统产生的二氧化碳排放量基本均小于 0.5 吨。

从个体城市来看,1995 年城市交通二氧化碳总排放、人均交通碳排放和单位 GDP 交通碳排放最低的三个城市分别为克拉科夫、孟买和中国香港,排放最高的三个城市分别为纽约、亚特兰大和哈拉雷,后者较前者分别高出了约 306 倍、110 倍和 44 倍。当然,城市交通总排放指标受到人口基数影响,纽约人口规模众多而波兰城市克拉科夫人口仅为几十万是其总排放指标差异巨大的原因之一。人均交通碳排放指标反映了市民个体出行所产生的温室气体排放量。亚特兰大和孟买形成典型的对比,亚特兰大早早完成了机动化进程,城市以小汽车为主导;孟买机动化进程落后,人们的出行方式更多选择慢行和公交,出行距离也相对较近,因而差异巨大。单位 GDP 交通碳排放指标则受到了经济因素的影响,香港第三产业发达,经济繁荣,且为典型的高密度亚洲城市,以公交出行为主。而与之对应的津巴布韦首府哈拉雷则出于国内和国际政治原因,受到制裁和内战的影响,经济于 20 世纪 90 年代开始严重下滑,因此单位 GDP 交通排放位于全球最高行列。

2.3.3 中国城市交通碳排放差异分析

2.3.3.1 中国城市类型划分

中国幅员辽阔,不同行政级别、地区间城市的发展状况有着极大的差异,交通发展及其排放亦是如此。笔者以 2013 年《第一财经周刊》发布的中国城市分级名单（不含港澳台地区）为基础，将测算城市分为六类，分别查看其城市交通碳排放水平。特大城市 4 个，为北京、上海、广州、深圳；一线城市 9 个，主要为以济南、杭州为代表的省会城市或区域中心城市；二线城市 12 个，大多为中东部省会城市或经济发达的地级市，如郑州、太原等；三线城市 14 个，为中东部地区省会城市或经济条件较好的地级市、全国百强县，如滨州等；四线城市 10 个，以中部城市地级市和经济欠发达地区城市为主，如宝鸡等；五线城市 24 个，多为经济基础较差的中西部地区地级市，如天水等（见表 2-8）。

表 2-8　中国城市（不含港澳台地区）类型划分

类型	城市						
特大城市	北京	上海	广州	深圳			
一线城市	济南	杭州	福州	厦门	长沙	青岛	西安
	沈阳	天津					
二线城市	威海	中山	石家庄	潍坊	包头	徐州	温州
	珠海	太原	哈尔滨	昆明	郑州		
三线城市	马鞍山	三亚	泰安	滨州	安庆	济宁	连云港
	西宁	保定	株洲	芜湖	鄂尔多斯	兰州	柳州
四线城市	南平	临汾	通辽	渭南	宝鸡	蚌埠	延安
	辽阳	宜宾	泸州				
五线城市	曲阜	邵武	平凉	大丰	天长	都匀	清镇
	扬中	中卫	武威	凯里	新泰	安顺	吉首
	巴彦淖尔	青州	宣城	库尔勒	铜仁	濮阳	六盘水
	承德	莱芜	天水				

2.3.3.2　各类城市交通碳排放差异性

笔者同样对其交通碳足迹水平绘制了箱形图，不同类型城市间差异明显（见图 2-6）。尤其是四个特大城市北京、上海、广州、深圳，无论是城市交通二氧化碳总排放还是人均交通碳排放量均远远高出其余类型城市，而后按照城市类型排放水平依次递减。四个特大城市北京、上海、广州、深圳共产生 31.99 百万吨二氧化碳量，占比超过测算的中国城市交通碳排放总量的 60%，每年平均产生

800 万吨二氧化碳排放量，约是一线城市平均排放水平的 8 倍，五线城市平均水平的 140 倍。平均至个体而言，特大城市每人每年在城市交通出行上产生了 0.55 吨二氧化碳排放，约是一线城市水平的 1.8 倍，五线城市的 3 倍。

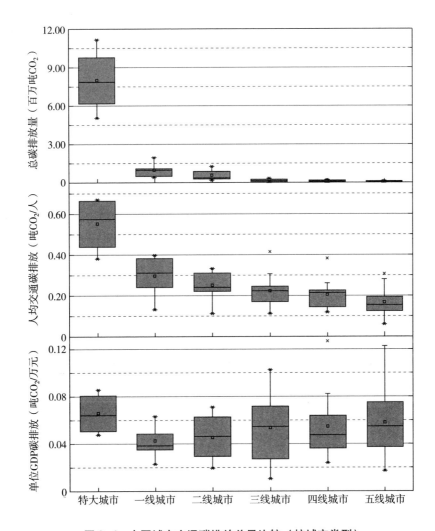

图 2-6　中国城市交通碳排放差异比较（按城市类型）

从单位 GDP 交通碳排放来看，不同类型城市间差异并不十分显著，大部分城市处于 0.04～0.08 吨 CO_2/万元。以均值而言，特大城市排放量依然居首位，平均贡献 1 万元 GDP 需要产生 0.065 吨的交通二氧化碳排放，略微高出全国平均水平（0.053 吨 CO_2/万元）。其余城市类型并未向前两个指标一样出现依次递减的特征，这是因为单位 GDP 交通碳排放指标不仅与城市机动化水平相关，也考虑了城市经济发展水平。我国大部分城市都仍处于经济和机动化迅速发展阶段，两者在进程中相关关系尚未实现完全脱钩，因此单位 GDP 交通碳排放水平较为接近。

特大城市在三个指标中均位于前列，由于城市发展规模大，经济水平高，因此居民出行范围就会越广，机动化率也会越高，从而消耗更多的化石燃料，排放更多的温室气体。作为我国城镇化和机动化的排头兵，特大城市相较其他城市有较为早期和完善的交通数据，其交通碳排放的历史特征和发展轨迹值得进一步探讨。

2.4 基于时序数据的城市交通碳足迹转型特征分析

2.4.1 城市交通碳足迹历史轨迹变化趋势

2.4.1.1 城市交通二氧化碳总排放轨迹

从城市交通二氧化碳总排放指标来看，各大洲的城市交通总排放量都呈现出先增长后降低的变化态势，并多数于 20 世纪 90 年代附近达到峰值（见图 2-7）。北美洲城市，特别是美国城市，在各个年代都属于交通高排放集团，1990 年纽约市城市交通二氧化碳总排放更是达到了 6179 万吨，是所有测算城市中的最高值。加拿大城市相比美国城市而言，交通总排放要低很多，这与澳大利亚、欧洲城市的排放水平更为相近。以东京都市圈和香港为代表的发达地区亚洲城市交通总排放水平与世界趋势相同，例如东京都市圈交通二氧化碳排放总量从 1960 年的 304 万吨逐渐增长至 1995 年的 2255 万吨，之后又降至 2012 年的 1378 万吨。但以中国内地北京、上海、广州、深圳为代表的亚洲发展中地区城市则与其他城市不同，自有统计测算值以来一直保持持续增长，近年来已达到全球较高水平，尚未看见下降的趋势。

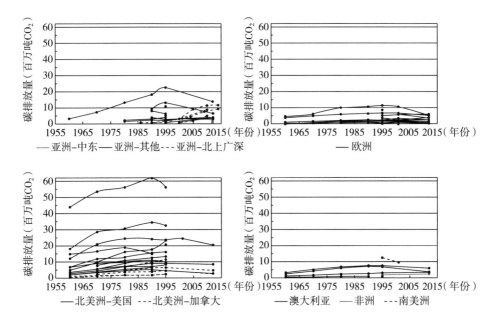

图 2-7　国际城市交通总碳排放变化（1960~2012 年）

2.4.1.2　人均城市交通二氧化碳排放轨迹

与总排放指标变化趋势相似，测算年间世界上大部分城市的人均交通碳排放轨迹都呈现出先增后减的态势（见图 2-8）。略微不同之处在于，人均指标达峰要更早一些，发达地区城市峰值点出现在 20 世纪 80 年代附近。亚洲城市人均交通碳排放变化可以分为两类：一类是东京、中国香港这些早发城市，与国际趋势基本相同，于 20 世纪 80 年代末达峰。另一类是以上海、迪拜等城市为代表，在近 30 年来一直在持续增长中。

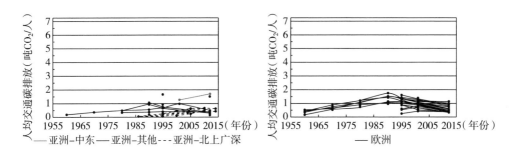

图 2-8　国际城市人均交通碳排放变化（1960~2012 年）

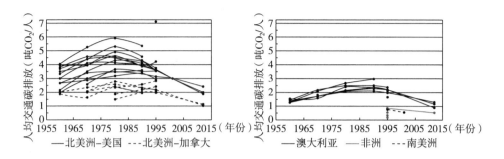

图 2-8 国际城市人均交通碳排放变化（1960~2012 年）（续）

2.4.1.3 单位 GDP 城市交通二氧化碳排放轨迹

多数城市单位 GDP 交通碳排放量在研究期间显著降低，变化幅度远超前两个指标。1960~2012 年，大部分城市单位 GDP 交通碳排放量下降了 90% 以上，日本东京甚至减少了 96.8%。图 2-9 清晰地显示出了各大洲城市单位 GDP 排放指标随时间的变化过程，曲线呈 S 型，在 20 世纪 70 年代下降斜率最大，后逐渐转为平缓。唯有亚洲部分地区城市变化趋势与之相反，在近年仍旧呈现上升态势。

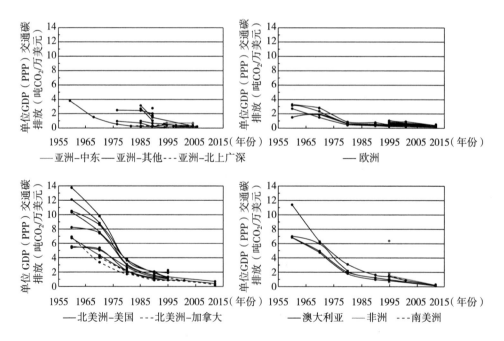

图 2-9 国际城市单位 GDP 交通碳排放变化（1960~2012 年）

2.4.2　城市交通低碳转型特征分析

2.4.2.1　低碳转型过程

"转型"（Transition）一词在学术界已经被广泛使用，物理学、经济学、心理学、人口学、生物学等中均定义过该学术名词，但含义各不相同。例如，在物理学中指的是物质状态的变换，即固体液体间变化、液体气体间变化或气体和等离子体之间变化等[105]，而在人口学中则表示为出生率和死亡率由一个稳定数值转变为另一个稳定数值的过程，这将导致全体人口规模出现变化[106]。2001 年Rotmans 等赋予了此概念新的含义，将其定义为社会变革的一种持续性过程，并且在这个过程中社会系统或者社会子系统结构发生了根本性的变化[107]。社会系统从旧的稳定状态到新的稳定状态的转型过程包括了四个阶段，即前期（Predevelopment）、起步（Take-off）、突破（Breakthrough）和稳定（Stabilization），这一般都需要经历一个长期的过程，至少超出一代人的时间（25 年）（见图 2-10）。毫无疑问，城市交通在历史上经历了由低碳向高碳的转型过程，如今又面临着由高碳向低碳的转型过程。

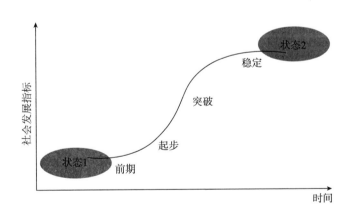

图 2-10　社会转型过程示意图

2.4.2.2　转型阶段划分

由前文城市交通碳足迹历史变化轨迹可以看出，大部分城市遵循着这样的交通碳排放发展规律，三个指标转型驻点时间出现的先后顺序为：单位 GDP 交通碳排放、人均交通碳排放和城市交通二氧化碳总排放。这说明，经济发展与交通碳排放会最早脱钩，而后机动化会率先于城镇化之前完成，城市居民出行模式会较早地稳定下来，直到最后城市的人口增长再逐渐减缓趋稳。

基于城市交通碳足迹三个指标峰值出现的时间，可以将城市交通低碳转型过程划分为四个阶段，分别是未转型期、第 Ⅰ 转型期、第 Ⅱ 转型期和第 Ⅲ 转型期（见图 2-11）。不同地区城市交通碳足迹峰值出现的时间不同，因此相同时期所处的转型阶段也不尽相同。早发展地区的城市可能已经步入第 Ⅲ 转型期，而后发展地区却仍处于第 Ⅰ、第 Ⅱ 转型期或者尚未转型的阶段。这也能够解释为什么前文 1995 年和 2012 年亚洲、非洲和南美洲的单位 GDP 碳排放指标并不像其他两个指标一样表现出明显的全球性差异。发达地区城市单位 GDP 交通碳排放到达转型峰值时期较早，历经了指标数值的大幅度下降，在选取的比较年中正处于较低的排放水平。同期发展中地区城市单位 GDP 碳排放却接近于自身排放水平的峰值期，因此反而可能会高出发达地区城市。其余两个指标出现驻点时间晚于单位 GDP 排放指标，减少的幅度也相对较小，与此同时，发展中城市也尚未达峰，因此呈现很强的地域性排放差异规律。

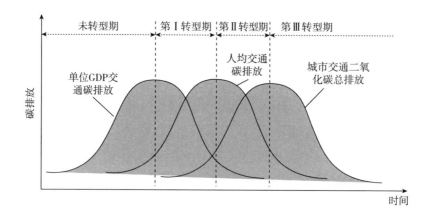

图 2-11 城市交通低碳转型阶段划分示意图

注：图中三条曲线的单位并不相同，为表达清晰，笔者将示意图中峰值设置较为接近。

2.4.2.3 峰值特征分析

从全球城市交通碳足迹变化趋势可以看出，城市交通二氧化碳总排放指标和人均交通碳排放指标均呈现先增后降的倒 U 型曲线特征。人均指标轨迹峰值的出现意味着交通工具和出行方式的低碳化所带来的减排效果已经足以抵消市民机动化出行距离增加所带来的排放增长，城市机动化进程已经逐步减缓。总排放指标轨迹峰值的出现则意味着人均交通碳排放指标的减排程度已经抵消了城市人口增长所带来的排放总量增加。

由于不同地区城市发展阶段有所差异，其交通碳足迹的峰值高低更能体现该地区城市交通排放的特征。因此，笔者统计了各个地区已转型城市的人均交通碳排放峰值并对其进行了比较（见图 2-12），明显地由高至低依次为北美洲、大洋洲、欧洲和亚洲城市，排放水平为 3.77 吨 CO_2/人、2.41 吨 CO_2/人、1.13 吨 CO_2/人和 0.61 吨 CO_2/人。

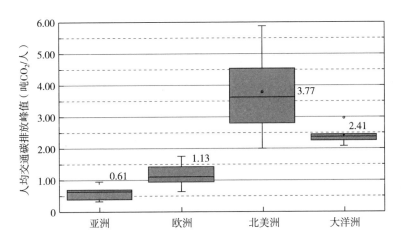

图 2-12　城市人均交通碳排放驻点峰值

虽然单位 GDP 交通碳排放指标在观测期间仅发现呈现 S 型下降趋势，但从人类社会发展进程以及亚洲部分城市发展曲线的规律出发，仍旧可以推断该指标同样经历了先增后减的过程。人类最早出行方式为慢行零碳交通，而后逐渐兴起了蒸汽机、发动机、电动机等代替了人力和畜力。对于同一城市而言，早期交通碳排放量为零，随着科技发展，碳排放逐渐升高。而随着社会的进步，经济进步对于交通的依赖度降低，城市 GDP 与交通碳排放发生脱钩，两者的相对系数由增长而后转为下降，因此轨迹出现驻点。研究中的大部分城市单位 GDP 指标轨迹驻点出现的时间均早于研究所观察的最早年份 1960 年，因此本书未观测出该指标的峰值。

2.4.2.4 达峰时间分析

从各大洲城市整体发展情况来看，碳排放转型峰值出现的时间存在区域性的特征。北美洲和大洋洲城市更为接近，总排放指标和人均排放指标分别于 20 世纪 90 年代初和 80 年代初达峰；欧洲达峰时间略晚，两指标达峰时间分别为 20 世纪 90 年代中期和 90 年代初；亚洲发达城市如东京、新加坡则要更晚，两指标达峰时间分别为 20 世纪 90 年代后期及 90 年代中期。其余一些发展中地区城市，两个指标的达峰时间则要更加靠后，不少仍未观察到峰值出现。从单位 GDP 指标来看，北美洲、大洋洲、欧洲以及亚洲发达地区城市均于 20 世纪 60 年代前达峰，一些发展中地区城市达峰时间则在 20 世纪 60 年代之后（见表 2-9）。

表 2-9　各大洲城市交通碳足迹达峰时间

碳足迹指标	北美洲	大洋洲	欧洲	亚洲	
				发达城市	发展中城市
单位 GDP 交通碳排放峰值	20 世纪 60 年代前	20 世纪 60 年代前	20 世纪 60 年代前	20 世纪 60 年代前	20 世纪 60 年代后
人均交通碳排放峰值	20 世纪 80 年代初	20 世纪 80 年代初	20 世纪 90 年代初	20 世纪 90 年代中	21 世纪
城市交通总碳排放峰值	20 世纪 90 年代初	20 世纪 90 年代初	20 世纪 90 年代中	20 世纪 90 年代末	21 世纪

注：由于城市众多且测算时间间距较大，因此驻点时间为该地区大部分达峰的近似时间。

个别城市的交通二氧化碳总排放指标和人均指标达峰时间十分接近，诸如一些欧洲城市等。这主要由两个原因造成。虽然全部研究城市近半个多世纪以来人口均处于增长态势，但欧洲由于城市化进程早，很多城市历史悠久，人口数量长期保持相对稳定，例如哥本哈根 1960 年人口为 170.75 万人，2012 年为 193.75

万人，年均仅增长 0.24%，因此两个交通排放指标轨迹驻点十分接近。此外，还有一些城市由于某个特定时期的发展问题，城市人口出现短暂的稳定甚至略有减少的情况，例如美国纽约市，1970 年人口为 1873.16 万人，在 70 年代期间，纽约大城市病加剧，市区交通和环境不容乐观，城市出现郊区化和逆城市化现象，1980 年人口仅为 1792.52 万人，减少了 4.31%，1990 年也仅为 1840.90 万人，尚未恢复到 1970 年人口规模。因此，纽约市人均交通碳排放和总排放轨迹均出现在 1990 年附近。

2.4.3 中国城市交通低碳转型阶段分析

中国自改革开放以来经历了快速的机动化进程，这尤其体现在特大城市中，机动化的快速发展自然带来了温室气体排放的高速增长。北京、上海、深圳城市交通总排放指标、人均排放指标均经历了急速增长的阶段。1986~2014 年，北京交通二氧化碳总排放量和人均交通碳排放量分别增长了约 47 倍和 14 倍，上海市同期指标也增长了 24 倍和 7 倍。深圳市交通排放增长起步时间较晚，但极为迅速。2000~2010 年，总排放指标和人均排放指标分别增长了约 11 倍和 4 倍，人均排放指标更是于 2009 年之前超越了上海市。这种排放水平的急速增长当然与中国改革开放后快速的城镇化和机动化有关，城市涌入了大量的人口，机动化出行方式也越来越普遍。即使目前人均交通碳排放处于全球较低水平，但是由于众多的人口基数，可以想象若保持这样的增长势头，将产生多么大量的温室气体排放。近年来，仅有北京市人均交通碳排放指标于 2010 年附近达到了峰值，平均每人全年的出行行为共产生 0.63 吨二氧化碳，其余城市的交通总排放指标和人均排放指标均仍保持着增长势头。

就单位 GDP 排放指标而言，研究期间内北上深三个城市发展轨迹不尽相同。北京市排放水平最高，并于 1995 年附近达到峰值 0.20 吨 CO_2/万元，而后开始逐年下降，至 2014 年水平为 0.06 吨 CO_2/万元。上海市该指标在 1986 年之前已经达到峰值，在测算期间一直呈现下降的趋势。深圳市则在 21 世纪头十年依然处于增长态势，并于 2010 年附近超越了上海市的单位 GDP 交通碳排放指标（见图 2-13）。

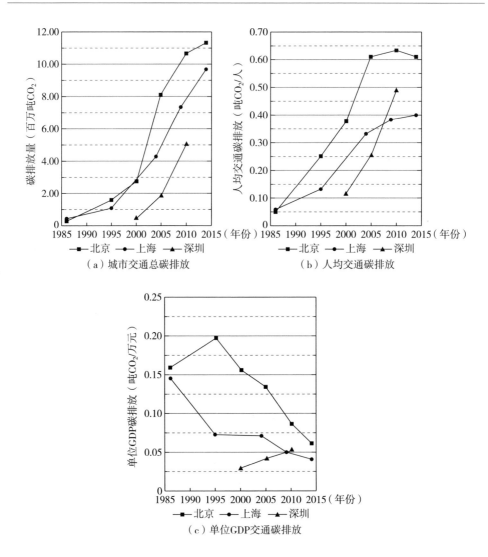

（a）城市交通总碳排放

（b）人均交通碳排放

（c）单位GDP交通碳排放

图2-13　北京、上海、深圳交通碳排放历史变化

　　综合来看，我国特大城市正处于第Ⅰ转型期附近，仅有北京刚刚进入第Ⅱ转型期。相对于北上广深四个特大城市，其他城市因为缺少历年的统计数据，因此无法从排放轨迹中判断其发展阶段。但考虑一般规律，其他城市发展阶段较特大城市更为滞后，无论是机动化水平还是城镇化水平抑或是城市经济发展水平仍在快速增长阶段，因此城市交通系统应处于第Ⅰ转型期或者尚未转型期，还未见人均交通碳排放指标近期达峰的可能，随着时间的推移，未来还将带来巨大的排放量。各个指标何时能够达峰、未来低碳发展能否实现和实现效果这几个问题关乎整个国家温室气体排放水平的变化情况，需要给予足够的重视。从早发的特大城市交通碳排放问题入手，促使未来低碳转型发展，探求减排路径和效果，不仅能够对自身城市起到减少温室气体排放的作用，也能够为中国其他城市提供可供借鉴的宝贵经验。

2.5　本章小结

本章是城市低碳交通转型研究的基础，为后续城市低碳交通评价提供了数据条件。笔者收集整理了基于统一统计口径的全球城市交通相关数据，包括 75 个中国城市和 105 个国际城市，依据测算公式对缺失的数据进行了处理，然后对城市交通碳足迹特征进行了横向和纵向的全面比较分析。

从截面数据来看：

（1）全球城市交通发展特征不尽相同，城市之间交通总排放、人均交通碳排放和单位 GDP 碳排放指标差距显著，最高分别可以达到约 306 倍、110 倍和 44 倍。

（2）洲际差异显著，北美洲、大洋洲、欧洲的交通总排放、人均排放和单位 GDP 排放指标依次减少。亚非拉地区城市人均交通碳排放指标相较欧洲地区更低，单位 GDP 交通碳排放各洲自身方差较大。

（3）中国城市内部也存在差异，一线城市交通总排放和人均排放指标明显高于其他城市，单位 GDP 排放指标略高但不显著。

从时序数据来看：

（1）城市交通碳排放三个指标均存在先增长后降低的转型过程，时间先后顺序依次是单位 GDP 交通碳排放、人均交通碳排放和城市交通二氧化碳总排放，依据峰值出现时间可以将城市交通碳排放变化划分为未转型期、第 I 转型期、第 II 转型期和第 III 转型期。

（2）各洲城市转型时间有所不同，先后依次是美洲、大洋洲、欧洲、亚洲发达地区以及其他发展中地区城市。发达地区城市目前已经进入第Ⅲ转型期，发展中地区城市还处于转型的更早期或未转型期。

（3）中国特大城市正处于第Ⅰ转型期附近，尚未或者刚刚达到人均交通碳排放峰值，其余城市发展阶段则更为滞后，未来中国城市交通碳排放还有很大的增长空间。

3 城市低碳交通效应基准化综合评价模型

中国正处于大规模城市化和机动化进程中，其速度和规模都是历史罕见的。因此，中国城市交通碳排放也成为中外学界关注的焦点。但是目前相关研究还停留在个别城市碳排放水平的对比层面，未有对中国城市和国际城市进行全面细致的比较研究，无法明确中国城市交通碳排放水平在全球城市中的定位。同时，对于"城市低碳交通"的概念世界上各个国家也并未给出确切的定义。学界研究大多停留在定性的角度，少有量化研究明确何为"城市低碳交通"。缺少明确的标准，则会阻碍对自身排放水平的定位和可借鉴目标的明确识别，影响了低碳交通政策的及时制定和城市交通系统的低碳化发展。因此，本章的研究目的是希望通过建立城市低碳交通综合评价模型以定位各个城市交通系统碳排放水平，识别出低碳交通城市与交通低碳转型过程，作为我国城市交通低碳转型发展的借鉴典范。

3.1 基于绝对指标的城市低碳交通评价

3.1.1 中国特大城市交通碳排放排序

依据国内和国际范畴，将城市按交通碳排放量由高到低排序，可以明确我国特大城市交通碳排放水平（见图3-1）。总排放指标呈现出鲜明的长尾效应（Long Tail Effect）形态，即极少数城市对应极高的碳排放总量水平，而拥有极低值的个体数量却占总体的绝大多数。北京、广州、上海、深圳分别居于国内城市排序的前四位。放眼国际，四座城市依次位列第三、第四、第六和第十二，也处于高排放城市之列。

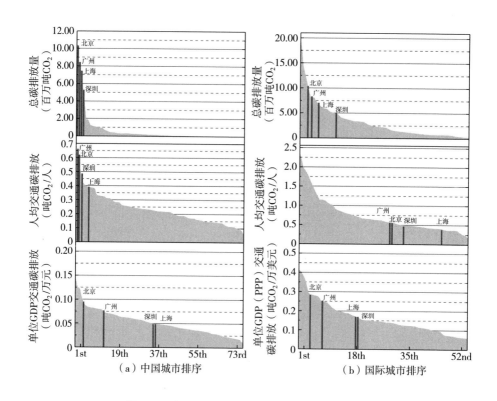

图 3-1　中国特大城市交通碳排放绝对指标排序

注：国际城市排序中未包含中国特大城市之外的其他城市。

人均城市交通碳排放水平指标代表了每个人每年满足自身交通活动需求需要产生的碳排放量，这也是目前衡量城市交通是否足够低碳的绝对指标之一，将该指标由高到低排序，北京、广州、深圳位于全国前三，上海也居于前列，位于第八，属于交通高碳城市。而在全球视角下，四座城市则位于中低水平，其中上海市还处于较后排位。仅以此指标而言，中国城市交通碳排放在全球处于低碳水平。

依据单位 GDP 交通碳排放指标，北京、广州、上海、深圳在国内外均处于中等及偏上水平，国内分列第六、第十三、第三十三和第三十四位，国际分列第七、第九、第十八、第二十位。深圳和上海单位 GDP 交通碳排放水平接近，均为 0.05 吨 CO_2/万元。但由于上海为 2009 年数据，深圳为 2010 年数据，两年的人民币和美元购买力平价有所差异，因此换算为购买力平价美元时，上海略高于深圳。

3.1.2 国际对标城市交通低碳水平评价

3.1.2.1 国际对标城市选取

国内交通碳排放水平排名前四位的北京、上海、广州、深圳的发展目标也应与国际同类城市看齐。北京发展目标为"2035 年初步建成国际一流的和谐宜居之都，'大城市病'治理取得显著成效，首都功能更加优化，城市综合竞争力进入世界前列"。上海发展目标为"2020 年建成具有全球影响力的科技创新中心基本框架，基本建成国际经济、金融、贸易、航运中心和社会主义现代化国际大都市"，"2035 年基本建成卓越的全球城市，令人向往的创新之城、人文之城、生态之城，具有世界影响力的社会主义现代化国际大都市"。因此，在比较城市交通碳排放水平时也应与其国际对标城市进行比较评价。

笔者选择了巴黎、伦敦、东京、首尔、纽约和芝加哥作为北上广深的国际对标城市，包括了两个欧洲城市、两个亚洲城市和两个北美洲城市。其中，巴黎、伦敦、纽约、东京是目前全球公认的四大世界级城市，芝加哥和首尔也是区域性的大都市，在社会、经济、文化或政治层面直接影响全球事务。

3.1.2.2 对标城市交通碳排放水平比较

表 3-1 给出了对标城市三项城市交通碳排放绝对指标的对比数据，城市间的差异与大洲特征近乎相同。从 2012 年数据来看，北上广城市交通总排放数据仅次于北美城市和东京。从人均排放指标看，北上广深人均交通碳排放量与巴黎、伦敦处于同一水平，低于北美城市，但是高于东京和首尔这两个亚洲大都市。单位 GDP 排放数据仅次于北美城市，在十座城市中占据高碳前列。该表也反映出，即便是对标的国际城市，发展阶段仍有所区别，人均排放指标仅有中国城市 1995~2012 年排放增长，其余城市均呈现不同程度的下降。

表 3-1　对标城市指标对比

城市	总二氧化碳排放（百万吨 CO_2）		人均交通碳排放（吨 CO_2/人）		单位 GDP 交通碳排放（吨 CO_2/万美元）	
	1995 年	2012 年	1995 年	2012 年	1995 年	2012 年
巴黎	11.05	5.14	1.00	0.43	0.25	0.07
伦敦	6.61	5.36	0.94	0.64	0.42	0.11
纽约	56.17	—	2.92	—	0.85	—
芝加哥	23.45	20.46	3.12	2.42	0.97	0.36
东京	23.86	13.75	0.74	0.37	0.15	0.07
首尔	13.03	6.87	0.63	0.28	0.62	0.12
上海	1.06	7.32	0.13	0.38	0.19	0.17
北京	1.55	10.64	0.25	0.63	0.51	0.28
广州	—	8.44	—	0.66	—	0.25
深圳	—	5.04	—	0.49	—	0.17

注：北京市为 2010 年数据，上海市为 2009 年数据。

3.1.3　评价客观性失准分析

城市交通排放的绝对指标难以对城市交通低碳发展水平给予准确的评判。不同时期下，不同人口规模、经济水平的城市通过碳排放绝对值无法公平地进行比较，评价的客观性存在失准的情况，因此得出的结论也无法为后续提出减碳政策提供有效的依据。

以绝对值而言，"低碳"顾名思义是以碳排放低为特征，故而排放越低越"低碳"，真正的"低碳"可以被认为城市交通不产生二氧化碳排放，即"零碳"。但"高碳"则并不能如此简单地界定，随着时间的推移，全球整体排放水平存在变化。比如，若以人均交通排放水平超过 3 吨 CO_2/人作为高排放的阈值，那么 1995 年芝加哥处于高排放水平，但到了 2012 年其人均交通碳排放降至 2.42 吨 CO_2/人，逃离了高排放的区域。人均交通碳排放尚且如此，更不用提近年骤减的单位 GDP 交通碳排放指标了。若以固定不变的绝对值标准来衡量城市交通"高碳"还是"低碳"，那不久全球便不会有高排放的城市交通体系。

此外，绝对值指标忽略了城市规模、经济发展以及人口密度的差异性，并不能真正反映该城市是否为其提供了适应自身特点的交通系统和低碳政策措施。比如，1995 年曼谷人均交通碳排放为 0.92 吨/人，伦敦为 0.94 吨/人，这是否意味着两地交通低碳程度相当，甚至曼谷比伦敦还要更为低碳，而伦敦应该向曼谷借鉴减排经验呢？这与我们的认知并不相同。两个城市人口水平大致相当，1995 年曼谷为 668.50 万人，伦敦略高一些，为 700.71 万人，但人均 GDP 和人口密度都差异显著。曼谷人均 GDP 为 0.63 万美元/人，建成区人口密度高达 138.69 人/公顷；伦敦人均 GDP 要高出很多，为 2.24 万美元/人，人口密度为 59.07 人/公顷，远小于曼谷。考虑到两地城市人均 GDP 水平均未达到库兹涅茨曲线（Environmental Kuznets Curve，EKC）的驻点，因此人均 GDP 越高，城市人均交通排放量应该越大，同时密度越小，则人均交通排放量也应该越大，曼谷市民出行距离和机动化水平都应该远远小于伦敦，同理碳排放水平也应远远小于伦敦。这个案例说明了原有的绝对低碳指标无法很好地衡量一个城市的交通系统、能源结构、管理措施等是否低碳。城市交通的"低碳"水平评价迫切需要一个能够反映城市差异并与时俱进的相对评价指标。

3.2　城市交通碳排放人口与经济效应分析

由于城市发展阶段不同，人口与经济水平有所区别，城市交通碳排放也呈现出了鲜明的地域差异和时间变化趋势。这些人口、经济因素还受到了地区历史文化的影响，并非一朝一夕所形成，更超出了低碳交通规划所涵盖的层次范围，例如城市的人口规模、人口密度和经济发展阶段。已有相关的研究表明，这些因素都会对城市居民的出行带来较大影响[108,109]，并且因素之间的相关关系并非简单线性关系，因此笔者利用全球数据分别对城市交通碳排放的密度、规模和发展效应进行了实证分析。

3.2.1　密度效应

3.2.1.1　城市人口密度差异

城市人口密度差异显著（见图 3-2），从 1995 年数据来看，人口密度之高如印度的孟买市，高达337.40人/公顷，人口密度之低如美国的亚特兰大市，仅为6.40人/公顷，两者间相差约53倍。从大洲来看，亚洲特别是东亚、南亚和东南亚地区人口密度极高。中东地区城市虽然也有大部分位于亚洲，但是城市特点与其他亚洲城市并不近似，人口密度呈现极低水平。非洲和南美洲有高密度城市也有低密度城市，仅从测算城市来看，平均人口密度仅次于亚洲城市。其次是欧洲城市，平均人口密度为50人/公顷左右。北美洲和大洋洲城市人口密度最低，平均低于25人/公顷。欧洲、北美洲和大洋洲人口密度在1995年和2012年变化不大，亚洲城市有略微降低。

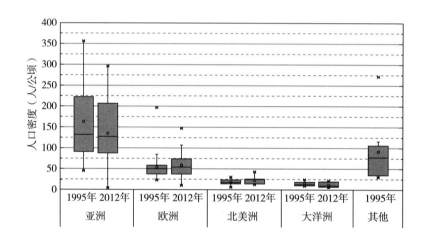

图3-2 各洲城市人口密度差异

3.2.1.2 密度效应分析

国际上已经有许多学者对人口密度与碳排放的负相关关系进行了实证研究[108,110-112]。Jonathan Norman等（2006）进行了人口密度与能源使用和温室气体排放之间的关系研究，结果发现，低密度的城郊区域发展能源强度和温室气体排放强度高于高密度的城市中心区[110]。也有学者将研究对象集中于交通出行能耗，Newman和Kenworthy进行了具体的量化分析研究，发现了城市人口密度与城市小汽车依赖程度以及人均交通能源的关系，结果表明城市人口密度越高，小汽车出行率则越低，且人均交通能耗越低[108]。近年来中国也有学者开展了相关研究，郭洪旭等针对中国五个典型城市面板数据研究发现，相比欧美城市，中国典型城市人口密度对居民出行能耗的影响更为显著[109]。基于对密度效应的共识，许多国家提出，建立低碳城市的一个关键措施就是加强城市的"紧凑型布局"，充分发挥密度效应，实现低能耗低排放。

在本书所有的城市中，人口密度与城市交通碳排放也呈现出了近似反比例函数关系（见图3-3）。各大洲人口密度呈现比较明显的排序，由低至高为北美洲、澳大利亚、欧洲和亚洲，而人均交通碳排放则相反。笔者对数据相对最多的1995年的数据进行了人均排放与人口密度回归，按幂函数形式得到回归公式为：

$$c = 34.85 \times D^{-0.921} \tag{3-1}$$

式中，c 表示人均交通碳排放强度，D 为人口密度。

该模型拟合度 R^2 为 0.724，Sig. = 0.00 < 0.05，表明人口密度系数检验显著，两者存在负相关。

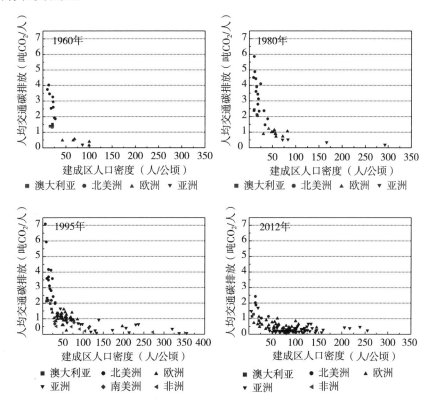

图3-3 人均交通碳排放与人口密度关系（1960年、1980年、1995年、2012年）

3.2.2 规模效应

3.2.2.1 城市人口规模差异

本书的城市虽然均为全球知名或地区中心城市，但城市人口仍有较大差异，这主要体现在亚洲城市平均人口规模高出其他大洲城市，千万级别城市数量明显多于其他大洲。欧洲、北美洲和大洋洲城市人口大多在500万人以下，而亚洲人口密集并集中在大城市，所研究城市常住人口平均在千万级别（见图3-4）。亚洲代表性大都市东京，其都市圈共有3724万常住人口，为全球人口规模最大的城市。而瑞士第二大都市日内瓦常住人口仅为47万人，虽然同为国际化城市，人口规模却相差了79倍。

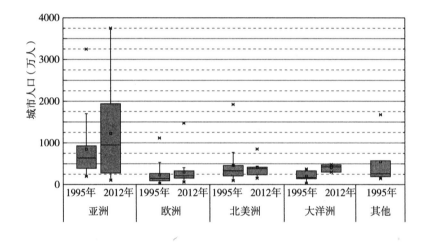

图3-4　1995年和2012年各洲城市人口差异

3.2.2.2 规模效应分析

已有大量研究表明，许多社会经济指标与人口规模之间并非线性关系，而是存在超线性的指数关系，即随着人口规模的增大，其增长速度会逐步加快，例如国内生产总值[113, 114]、公交载客量[115]、碳排放量[116] 等。许多学者认为这是城市自然生长和自组织的表达方式，反映了一种随着人口规模增加的社会经济自发的加速过程，将其称为"城市规模效应"（Urban Scaling），其本质上起源于人口集聚带来的非线性社会交互[117]。人口规模与总排放呈现超线性关系，即与人均碳排放呈现亚线性关系[116]。城市人口数量越大，人和人之间产生的交互越多，因此也造成更多的交通活动和温室气体排放。人口规模与碳排放两者普遍的表达式和回归模型可以写为：

$$C = \alpha \times P^\beta \tag{3-2}$$

$$\ln C = \alpha + \beta \ln P + \varepsilon \tag{3-3}$$

$$\ln (C/P) = \acute{\alpha} + (\beta - 1) \ln P + \acute{\varepsilon} \tag{3-4}$$

式中，C 为城市总排放，α 和 $\acute{\alpha}$ 为常数，P 为人口规模，β 和 $\acute{\beta}$ 为人口对排放的影响系数，ε 为残差项。

当 $1 < \beta < 2$ 时，$0 < \beta - 1 < 1$，表示人口与城市总排放呈现超线性关系，与人均碳排放指标呈现亚线性关系。在本书中，各大洲城市人口密度与交通碳排放总量关系如图 3-5 所示，可以发现存在正相关关系。以 1995 年北美洲城市为例，对其进行回归分析，得到：

$$C = 0.22 \times P^{1.071} \tag{3-5}$$

式中，C 为城市交通碳排放总量，P 为城市人口数量。

该模型拟合度 R^2 为 0.854，Sig. $= 0.00 < 0.05$，$1 < \beta = 1.071 < 2$，表明人口规模系数检验显著，两者存在超线性关系，并且也说明北美洲城市人口规模与人均交通碳排放为亚线性关系。虽然人口对排放的影响系数较小，但为了消除城市间人口规模差异的影响，仍应在评价指标中体现出来。

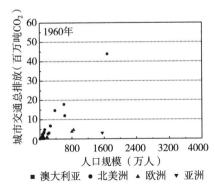
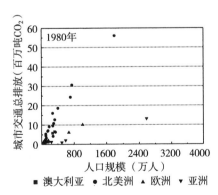

图 3-5　人均交通碳排放与人口规模关系（1960 年、1980 年、1995 年、2012 年）

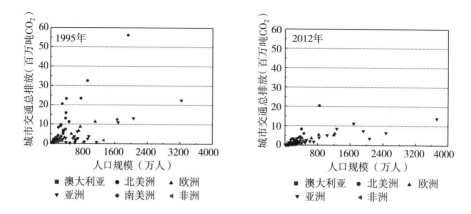

图 3-5　人均交通碳排放与人口规模关系（1960 年、1980 年、1995 年、2012 年）（续）

3.2.3　发展效应

3.2.3.1　城市经济发展差异

世界经济分布长期存在差异，虽然研究中亚洲城市均为国家首都或者地区大城市，但较西方城市仍有较大的差距，虽然 1995~2012 年人均 GDP 有所增长，但仅刚刚超过欧洲城市 1995 年的人均 GDP 水平。北美洲和大洋洲城市人均 GDP 水平最高，达到 6 万美元/人左右。其他地区包含的南美洲和非洲城市在所研究的城市中经济水平最低（见图 3-6）。研究城市中，2012 年人均 GDP 最高的城市

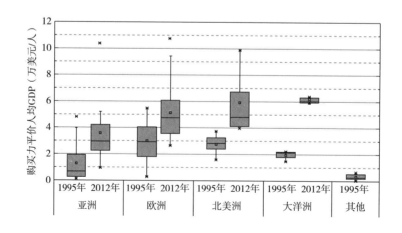

图 3-6　1995 年和 2012 年各洲城市人均 GDP 差异

为瑞士日内瓦，高达 10.77 万美元/人，而经济发展最差的城市孟买仅为 0.96 万美元/人，两者相差了约 11 倍。

3.2.3.2 发展效应分析

探讨社会经济发展与环境质量的定量关系是过去半个世纪以来环境经济学领域的一个广泛的逻辑扩展。针对社会经济增长与碳排放的关系研究，具有代表性的是环境库兹涅茨曲线的检验。简单而言，库兹涅茨曲线是一种倒 U 型曲线，主要用来研究经济发展（主要用人均 GDP 或 GDP 表示）与环境破坏（主要用某种特定污染物排放量表示）之间的关系。针对碳排放和当地经济发展的关系有大量的实证研究[118-121]，其中也有学者对交通系统排放与 GDP 关系进行了研究[122]，绝大部分研究成果倾向于支持二氧化碳排放库兹涅茨曲线的存在，即随着经济水平的提升，环境质量会逐步从恶化走向改善。库兹涅茨曲线的回归模型一般表达式如下所示：

$$\ln (CO_2/P) = \alpha + \beta_1 \ln (GDP/P) + \beta_2 \left[\ln (GDP/P) \right]^2 + \varepsilon \qquad (3-6)$$

式中，C 为城市交通碳排放，P 为城市人口，GDP 为城市生产总值，α 为常数项，β_1 和 β_2 为人均 GDP 对人均交通碳排放的影响效应，ε 为残差项。

由图 3-7 可以看出，两者间关系在本书所观察的绝大部分城市中均可用库兹涅茨曲线表达，即城市人均 GDP 增长至一定程度后，约为 2 万~4 万美元/人，人均交通碳排放也会出现峰值，之后随着人均 GDP 的增长，人均碳排放水平逐渐降低。

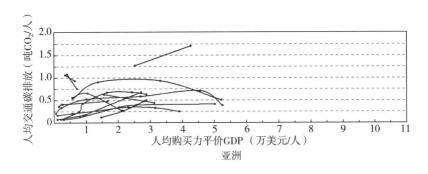

图 3-7　人均交通碳排放与人均 GDP（PPP）关系

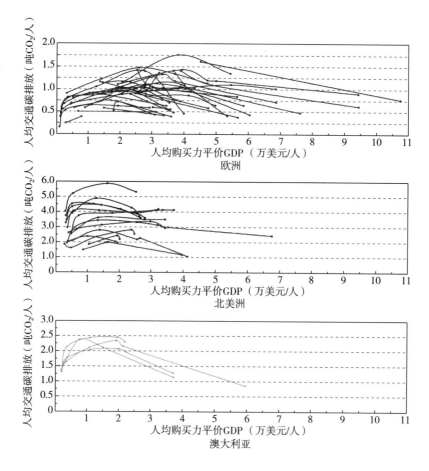

图 3-7　人均交通碳排放与人均 GDP（PPP）关系（续）

3.3　城市低碳交通效应基准化模型

采用人均以及单位 GDP 等指标无法对城市交通碳排放水平进行准确的评判，需要排除密度、规模和发展效应的影响，建立效应基准化的低碳交通综合评判指标。除去上述三种人口经济效应外，仍有很多因素会影响城市人均交通的碳排放水平[29, 43, 123, 124]，比如交通能源强度、出行结构、交通设施供给、交通管理措施、低碳理念普及程度等。这些因素的作用效果综合反映了在给定的人口经济条件下，当地政府是否做出了足够的努力为居民提供一套低碳有效的出行解决方案。相对指标能够用以衡量各个城市交通的低碳发展水平。

3.3.1 CEBI 指标评价模型

Ehrlich 和 Holdren 首次使用 IPAT 模型来分析人口规模（P）、富裕程度（A）、技术水平（T）对环境压力（I）的影响[125]。但是由于 IPAT 模型存在一定的局限性，不允许各种影响因素非单调、不同比例地变化，在实际应用中受到很大的限制[126, 127]。York 等将 IPAT 模型采用随机模型的形式重新表示，并命名为 STIRPAT 模型。[126] 其表达形式如下：

$$I_i = aP_i^\beta A_i^\gamma T_i^\delta e_i \tag{3-7}$$

式中，I 为能源消耗量或污染物排放量；P 为人口数量；A 为地区人均生产总值；T 为能耗强度；β、γ、δ 分别为 P、A、T 的系数；a 为常数项；e 为扰动项；下标 i 表示第 i 个观测个体。将该公式两边取对数后得到：

$$\ln I_i = \alpha + \beta \ln P_i + \gamma \ln A_i + \delta \ln T_i + \varepsilon_i \tag{3-8}$$

式中，α 为常数项，且 $\alpha = \ln a$；ε_i 为扰动项，且 $\varepsilon_i = \ln e_i$。

但就本章研究目标而言，模型中并未考虑人口密度因素，人口密度因素所造成的影响效应会体现在残差项中。同时，该模型假定的是经济发展弹性系数为恒定常数，并未考虑到其会随着经济水平的改变而改变，即考虑到环境库兹涅茨曲线[128]。因此，为衡量效应基准化前提下的城市交通低碳发展水平，需要加入城市人口密度因素，并引入环境库兹涅茨曲线。同时，技术因素的影响效应应放入扰动残差项中，作为评价城市交通低碳水平的一部分。基于此，笔者建立了考虑城市人口密度、人口规模和经济发展水平的城市交通排放二次回归模型：

$$\ln I_i = \alpha + \beta \ln P_i + \gamma_1 \ln A_i + \gamma_2 (\ln A_i)^2 + \delta \ln \rho_i + \varepsilon_i \tag{3-9}$$

式中，I 为环境影响，在本书中即人均交通碳排放量，A 为人均 GDP。上述公式可以改写为：

$$\ln (CO_2/P) = \alpha_t + \beta \ln P_i + \gamma_1 \ln (GDP/P) + \gamma_2 [\ln (GDP/P)]^2 + \delta \ln \rho_i + \varepsilon_{i,t} \tag{3-10}$$

扰动项 $\varepsilon_{i,t}$ 即为城市交通碳排放程度评价效应基准化指标（Carbon Emission

Benchmark Index，CEBI），表达式如下所示：

$$CEBI = \varepsilon_{i,t} = \ln 真实值 - \ln 回归值 \tag{3-11}$$

回归值表示在某一人口密度、人口数量和人均 GDP 水平下的城市交通碳排放期望值，而其与该城市真实交通碳排放水平的差值能够综合地反映出其他影响因素的作用效果，如交通技术水平、城市交通基础设施供给、市民绿色出行意识等，这些因素才是判断城市交通低碳发展水平高低的核心指标。因此，CEBI 指标能够剔除人口密度、人口规模和经济发展水平的影响效应，是综合衡量城市交通系统低碳水平的有力工具。

3.3.2 模型参数标定

笔者将所研究的城市交通相关数据代入，进行回归分析。由于排放数据涉及多个年份，因此设置了 6 个虚拟时间变量（Time）用于控制区分。模型的回归系数如表 3-2 所示，所有解释变量 Sig. 值（P 值）均为 0.00，意为均具有显著性意义。共线性统计计量下 VIF 值均小于 2.5，说明各个解释变量之间共线性问题不显著。根据模型建立的多元非线性回归方程为：

$$\ln\left(\frac{CO_2}{P}\right) = \alpha_t + 0.123\ln P + 0.392\ln\left(\frac{GDP}{P}\right) - 0.063\left[\ln\left(\frac{GDP}{P}\right)\right]^2 - 0.663\ln\rho \tag{3-12}$$

方程中的常数项 α_t 随着年份的变化而变化，在表 3-2 中由常量和 Time 值系数构成。当 t 为 1955~1964 年时，α_t = 常量+Time_ 1 = 2.572；当 t 为 1965~1974 年时，α_t = 常量+Time_ 2 = 2.442；当 t 为 1975~1984 年时，α_t = 常量+Time_ 3 = 2.037；当 t 为 1985~1994 年时，α_t = 常量+Time_ 4 = 1.917；当 t 为 1995~1999 年时，α_t = 常量+Time_ 5 = 1.791；当 t 为 2000~2004 年时，α_t = 常量+Time_ 6 = 1.470；当 t 为 2004 年之后时，α_t = 常量 = 0.856。

表 3-2　回归模型系数

模型	非标准化系数		标准系数	t	Sig.	B 的 95%置信区间		共线性统计量	
	B	标准误	Beta			下限	上限	容差	VIF
（常量）	0.856	0.168		5.106	0.000	0.526	1.186		
ln 密度	-0.663	0.033	-0.543	-20.218	0.000	-0.728	-0.599	0.606	1.650
ln 人口	0.123	0.020	0.138	6.199	0.000	0.084	0.163	0.878	1.139

续表

模型	非标准化系数		标准系数	t	Sig.	B 的 95% 置信区间		共线性统计量	
	B	标准误	Beta			下限	上限	容差	VIF
ln 人均 GDP^2	−0.063	0.017	−0.083	−3.718	0.000	−0.096	−0.030	0.868	1.152
ln 人均 GDP	0.392	0.032	0.392	12.382	0.000	0.330	0.454	0.436	2.294
Time_ 1	1.716	0.142	0.369	12.115	0.000	1.438	1.995	0.470	2.128
Time_ 2	1.586	0.117	0.395	13.561	0.000	1.356	1.816	0.514	1.945
Time_ 3	1.181	0.094	0.328	12.580	0.000	0.996	1.365	0.642	1.558
Time_ 4	1.061	0.083	0.314	12.754	0.000	0.897	1.224	0.721	1.387
Time_ 5	0.935	0.064	0.382	14.565	0.000	0.809	1.061	0.635	1.575
Time_ 6	0.614	0.071	0.203	8.707	0.000	0.475	0.753	0.804	1.244

回归模型解释程度调整后的 R^2 为 0.838（见表 3-3），说明三个效应因素可以解释城市人均交通碳排放 83.8% 的变化，其余变化的原因需要由扰动项来解释，即相对情况下的城市交通低碳发展水平。

表 3-3　模型汇总

模型参数	R	R^2	调整后的 R^2	标准估计的误差
	0.918	0.843	0.838	0.412305911

方差分析中给出的模型 Sig. 值为 0.000（见表 3-4），小于 0.05，表示在显著性水平为 0.05 的情况下，可以认为自变量人口密度、人口规模、人均 GDP、人均 GDP 平方与因变量城市人均交通碳排放之间存在着线性关系，所构建的回归模型有效。

表 3-4　方差分析

模型	平方和	df	均方	F	Sig.
回归	327.743	10	32.774	192.794	0.000
残差	61.199	360	0.170		
总计	388.941	370			

3.4 基于相对指标的城市低碳交通评价

3.4.1 低碳交通城市识别

依据相对低碳指标 CEBI，笔者将各个时间截面下城市交通碳排放水平进行了重新排序（见图 3-8），指标值越高，说明该城市交通越不低碳，相反，指标值越低，说明越低碳。以 0 为区分阈值，高于 0 说明城市交通实际排放高出预期值，在给定人口经济条件下，城市并未被提供一套足够低碳的交通体系，可以被认为是高碳交通城市；低于 0 说明城市交通实际排放低于预期值，则可以被认为是低碳交通城市。

图 3-8 中给出了代表年份中排名最前和最后的五座城市，例如，2012 年最为高碳的五座城市分别为德黑兰、罗马、斯特拉斯堡、台北和广州。这些城市在与其近似人口经济条件的城市相比较时，人均交通碳排放较高。例如罗马，作为公共交通较为发达的欧洲城市，2012 年罗马城市居民的每日小汽车全方式出行比例竟超过了 60%，这使这座城市居民在出行方面产生了超出预期的排放量。同年，最低碳的五座国际城市分别为东京、哥特堡、巴黎、哥本哈根和里斯本。其中，哥本哈根、东京和巴黎在所有统计年份中均处于交通体系最低碳的城市之列，这也是目前学界公认的几座低碳交通建设较为成功的城市。

3.4.2 对标城市相对指标评价

以 CEBI 指标为评价标准重新对北上广深四大城市及其国际对标城市交通低碳发展水平进行衡量①，如表 3-5 所示。可以发现，采用相对指标"CEBI"和绝

---

① 本处仅衡量"北上广深"以及与其对标的"巴黎、伦敦、纽约、芝加哥、京东圈、首尔"，不涉及"港澳台"，原因在于研究数据的局限性，并非所有城市均能够收集到 1960~2012 年间的各个类型数据，所以仅衡量北上广深（基于较为全面的各类统计年鉴，而这些统计年鉴中往往缺少港澳台的数据），同时借用的国外数据资料中也缺少国内城市的详尽数据。本书整合了国内多个数据来源，规范数据统计口径，筛选可以比较的城市进行研究分析，也是本书的难点和创新点之一。

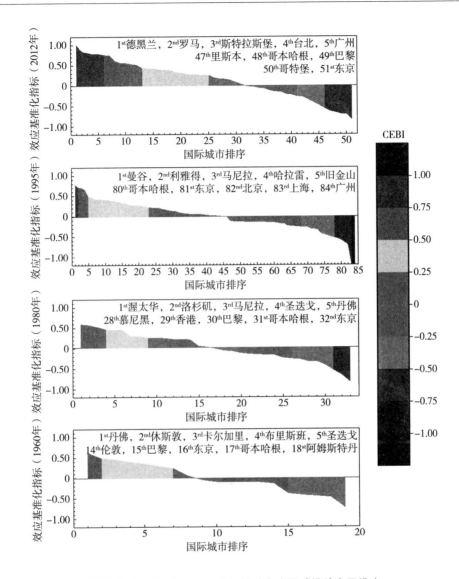

图 3-8 基于效应基准化指标的城市交通碳排放水平排序

(1960 年、1980 年、1995 年、2012 年)

对指标"人均交通碳排放量"所得到的评价结论有所不同。当采用绝对碳排放指标来衡量时，北上广深四座城市人均交通碳排放量位于对标城市的中低水平。而以 CEBI 指标衡量时，北京、上海虽在 1995 年属于低碳排放城市，但随后指标迅速上升。2012 年均没有处于低碳之列，CEBI 值均大于 0，平均值高达 0.61，属于高碳城市，甚至超过北美城市芝加哥 0.42 的水平。同年最低碳的城市为东京圈，CEBI 指标为 -0.84，其次为巴黎和首尔，这与绝对指标评价结果近似。

表 3-5　对标城市 CEBI 指标比较

城市	CEBI	
	1995 年	2012 年
巴黎	-0.49	-0.63
伦敦	-0.23	-0.02
纽约	-0.12	—
芝加哥	0.03	0.42
东京圈	-0.63	-0.84
首尔	0.43	-0.22
上海	-1.15	0.51
北京	-0.68	0.74
广州	—	0.77
深圳	—	0.43

注：北京、广州、深圳为 2010 年数据，上海为 2009 年数据。

采用合理的评价指标才有助于明确城市交通的低碳化发展水平，而不恰当的评价指标会使政策制定者对城市交通低碳城市水平造成误判，进而影响后续政策制定。城市交通政策制定者要明确自身城市交通系统的发展水平，并在此基础上向国际上先进的低碳交通城市吸取经验，为实现交通体系的低碳化发展提供保障。

3.4.3　城市交通碳排放发展范式识别

考虑各个城市 CEBI 历年的变化情况，我们不仅可以识别出交通系统长期保持高碳和低碳排放水平的城市，还可以识别出高碳转型和低碳转型的城市交通系统。图 3-9 给出了四个典型城市范式，分别为长期高碳范式、长期低碳范式、高碳转型范式和低碳转型范式。以菲尼克斯、蒙特利尔和马尼拉为代表的城市长期保持了高碳排放，政府并未采取更为积极的减碳措施。而巴黎、东京和哥本哈根的交通系统则一直维持低排放水平。首尔市在测算期间采取了足够的减碳措施实现了 CEBI 由高到低的变化，是交通低碳转型城市的典型代表。

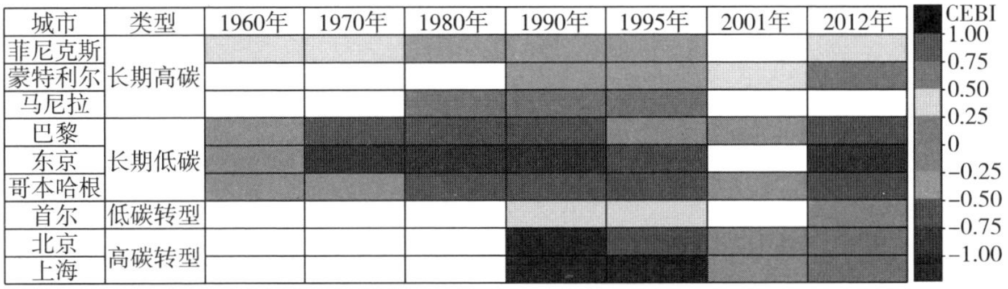

城市	类型	1960年	1970年	1980年	1990年	1995年	2001年	2012年
菲尼克斯								
蒙特利尔	长期高碳							
马尼拉								
巴黎								
东京	长期低碳							
哥本哈根								
首尔	低碳转型							
北京	高碳转型							
上海								

CEBI
1.00
0.75
0.50
0.25
0
-0.25
-0.50
-0.75
-1.00

图 3-9 基于效应基准化指标的典型城市交通类型识别

中国城市北京、上海是交通高碳转型城市的代表，观察自有统计数据近 30 年 CEBI 指标的变化发现，北京和上海分别由 1986 年的 -1.39 和 -1.05 增长至 2014 年的 0.64 和 0.44，说明期间城市交通系统选择了高碳发展的路径，小汽车的普及和化石能源的大量使用使两座城市无论是绝对指标还是相对指标都急速升高。不过同时值得说明的是，近期指标数据显示，北京市 2010 年 CEBI 指标为 0.74，上海市 2009 年 CEBI 指标为 0.51，两座城市自此之后指标都有不同程度的下降，表明北京市和上海市已经开始对低碳城市交通发展予以关注并逐渐采取了相应的措施。

我国城市需要以长期低碳城市为发展目标，充分借鉴其他城市的发展经验。对于改革开放后高碳转型城市，应该采取更为积极的减排策略，才有可能有效地遏制城市交通高碳的发展趋势，实现低碳转型。对于排放仍处于较低水平的城市，应尽量避免走前者高碳发展的老路，充分吸收经验并吸取教训，采取先进的技术和管理措施实现长期低碳道路的"隧道效应"。

3.5 本章小结

本章分别采用绝对指标和相对指标对城市交通低碳发展水平进行了评价，指明了何为低碳交通，分析了城市人口密度、人口规模和经济发展水平对交通碳排放的影响效应，并建立了基于 STIRPAT 模型扩展的二次回归模型，得到效应基准化的综合评价指标 CEBI。本章明确了我国城市交通碳排放的低碳程度，并识别了各类城市的发展范式，应以长期低碳范式与低碳转型范式城市为借鉴目标，努力看齐。具体结论如下：

（1）以绝对指标而言，北上广深四大城市的交通二氧化碳总排放和单位 GDP 排放水平在全球视野下处于较高位置，人均交通碳排放量虽近年高速增长，但仍处于全球较低水平。

（2）人均城市交通碳排放受到人口密度、人口规模和经济发展水平的影响，分别呈现反比例、亚线性和倒 U 型的库兹涅茨曲线关系。绝对指标未考虑这些影响效应，因此难以对城市交通低碳发展水平做出准确评价。

（3）CEBI 指标显示，巴黎、东京、哥本哈根城市交通系统长期保持低碳水平，菲尼克斯、蒙特利尔和马尼拉是长期高碳水平城市代表，首尔则在 1990～2012 年测算期间内成功实现了城市交通系统的低碳转型发展。

（4）我国北上广深四大一线城市 CEBI 指标逐年上升，近年来在全球处于高碳排放水平，未来需对城市交通的低碳发展予以更多的重视，并针对性地实施相应的减排措施。

4 城市交通碳排放系统框架与政策影响机理分析

"凡政府选择所为所不为之诸事即公共政策[129]"。公共政策是政府为实现一定的社会政治、经济和文化目标所采取的政治行动或规定的行为准则，是一系列谋略、法令、措施、办法、条例等的总称[130]。从该角度看，城市低碳交通政策无疑属于公共政策的范畴。作为干预城市交通发展方向的重要手段，城市低碳交通政策的科学制定具有重要的意义。评估相关政策的影响效果首先就需要对低碳交通政策的作用机理进行分析。通常，机理分析需要深入探寻研究对象系统的内外部元素，从而找出事物的发展变化规律。从系统的角度入手，为该问题提供了一个解决视角。系统的定义是由一些相互联系、相互制约的若干组成部分组合而成，具有特定功能的一个有机整体。毫无疑问，城市交通具有典型的系统特性，它由人、车、路、环境构成，各个元素之间相互联系、相互作用，最终实现了将出行者从起点运送至迄点的功能，而温室气体排放则是该系统所产生的副产品。因此，本章尝试以碳排放为关注点建立城市交通系统框架，并对城市低碳交通政策进行全面的梳理与分析，进而明确其影响机理。

4.1 城市交通碳排放系统框架

4.1.1 内部转型要素

城市交通碳排放变化取决于其自身内部几个关键元素的作用，其低碳转型发展离不开这些元素的共同影响。已有一些学者对此进行过梳理分析。Scholl 等比较分析了 9 个 OECD 国家客运交通能源消耗和二氧化碳排放量，认为交通活动、交通方式选择以及交通能耗强度是交通碳排放的主要影响要素[131]。Lee Schipper 等在以往研究的基础上建立了交通部门排放 ASIF 框架模型（见图 4-1），ASIF 即活动（Activity）、结构（Structure）、强度（Intensity）和燃料（Fuels）的英文首字母缩写，该框架的建立为本书城市交通碳排放系统分析奠定了基础[132]。

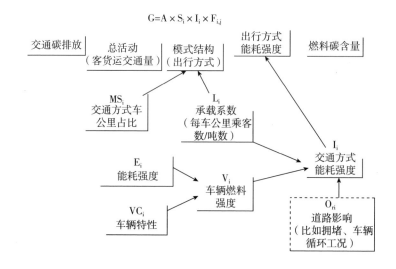

图 4-1　城市交通 ASIF 框架模型

资料来源：Schipper L, Marie-Lilliu C, Gorham R, et al. Flexing the link between transport and greenhouse gas emissions——A path for the world Bank［R］. 2000.

在此基础上，笔者将 ASIF 框架模型进一步划分成五类城市交通低碳转型要素，分别为城镇化要素、机动化要素、出行结构要素、能源强度要素和燃料种类要素，其中任何一个要素的变动都会直接影响到城市交通系统所产生的二氧化碳总量。

4.1.1.1　城镇化要素

城市常住人口增长和减少反映了城市城镇化的发展状态，当城镇化发展迅速的时候，往往体现在城市常住人口的高速增长。当城镇化进程进入后期阶段，城市常住人口也表现为趋于稳定。若城市出现郊区化或者逆城镇化现象，居住市民倾向搬去郊区或者乡村生活，这时城市常住人口会出现减少的现象。

不断增长的城市人口是城市交通碳排放增长的主要动力之一。人类是城市交通出行产生的源头，一般而言，人口基数越大的城市总排放水平越高。全球人口正在并且将在未来几十年间持续不断增长，即便一些发达国家人口数量已经稳定甚至有下降趋势，但是发展中国家人口的爆发性增长将使这个势头持续下去，预计至 2100 年全球总人口数将超过 100 亿人[133]。对于许多正在发展中的城市而言，城镇化带来了大量的人口涌入，为了满足人们的出行需求，城市交通系统承受了相当巨大的压力，其快速发展也给环境造成了压力。

4.1.1.2 机动化要素

城市居民机动化水平一般用人公里数（pkm）、吨公里数（tkm）或者车公里数（vkm）指标来衡量，平均至个体即为人均人公里数、车均吨公里数、车均车公里数。全球各地区交通活动并不在同一水平上，从人均机动化出行距离指标来看，典型的美国市民每年出行距离接近 2 万公里，而非洲国家以及印度和中国等发展中国家却大多少于 3000 公里[123]。即便是同为发达国家的日本，由于城市土地利用的不同策略，相较美国在相同经济水平下其人均出行距离也差异显著。Millard-Ball 和 Schipper 的研究揭示了这一点[134]（见图 4-2），在相同人均 GDP 水平下日本国民人均机动化出行距离仅是美国国民的一半。

4.1.1.3 出行结构要素

采用不同的出行方式，其单位距离的碳排放强度不同，由高到低依次为独驾小汽车、高承载率小汽车、出租车、商务车辆、公共交通、自行车、步行（见图 4-3）[14]。因此，一个城市居民的整体出行方式内部占比变化会对城市交通二氧化碳总排放造成极大的影响。私人小汽车使用越频繁，人均城市交通能耗和碳排放就会越高。由于地区文化发展阶段的差异，地区城市居民的主要出行方式有很大的差异。熊文（2008）[135] 通过对全球 60 座城市的居民出行方式数据进行分析，将城市交通发展模式划分为五类，分别为小汽车导向型、公交导向型、慢行导向型、均匀发展型和不完全发展型，其中北美城市大多为小汽车导向型，亚洲城市多为公交导向型或者慢行导向型。然而近年来，一些亚洲城市忽略了公共交通系统的优先发展，该系统的滞后也促进了小汽车数量的爆炸性增长。全球正面临着出行快速机动化的严峻考验，未来几十年里全球小汽车保有量将会从 8 亿辆迅速增长至 20 亿辆，这些增长大多来自于中国这样的发展中国家[136]。2050 年，非 OECD 国家将拥有全球 2/3 的小汽车数量，与此同时，私人交通出行方式比例将会迅猛提升。在这种前提下，将高排放的私人机动化出行方式引导至低排放的公共交通方式甚至零排放的慢行交通方式就显得极为重要。

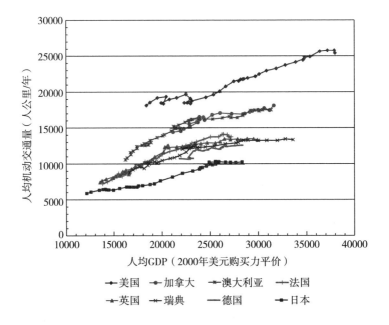

图4-2　人均机动化出行距离地区差异

资料来源：Millard-Ball A, Schipper L. Are we reaching peak travel? Trends in passenger transport in eight industrialized countries [J] . Transport Reviews, 2011, 31 (3)：357-378.

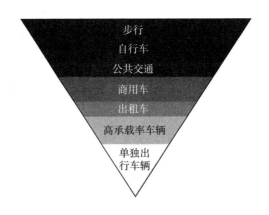

图4-3　低碳交通倒金字塔结构

资料来源：http：//transalt. org/sites/default/files/news/magazine/012Spring/09hierarchy. html。

一些学者专门针对该出行结构要素的减排效果进行了探究，Romilly（1999）通过对英国城镇公交车替代小汽车出行的经济价值和碳排放量的评估，得出结构的变化对减排具有重要意义。[137] Bristow 等的研究结果表明，在不考虑个人出行行为的条件下，技术进步难以实现较为严格的二氧化碳减排目标，而综合使用多种措施促使市民转变出行方式是最为有效的办法，这包括改善城市公交系统的便捷性、鼓励使用能源效率较高的出行工具等[138]。魏庆琦等讨论了出行结构要素对交通运输碳排放的短期和长期影响，认为出行结构要素对中国交通运输减排具有巨大潜力，但是潜力尚未充分发挥，需要进一步进行结构优化[139]。张会丽对我国重庆市交通碳排放进行了影响要素分解分析，同样得出结论认为出行结构是影响碳排放增长的关键要素[140]。刘爽等建立了低碳目标城市客运交通结构优化模型，探讨了交通出行比例不变、交通出行比例优化和交通出行比例失衡三种发展情景，结果表明，不同情景下交通碳排放增长率分别为 13.1%、7.3% 和 15.4%[38]。

4.1.1.4　能耗强度要素

能耗强度要素主要指不同交通出行方式单位人公里的能耗，又可以分为车辆自身能耗强度与交通工具使用强度，分别以车辆百公里能耗以及交通工具平均承载人数衡量。自 20 世纪 70 年代爆发能源危机以来，减少能耗强度成为世界上大部分国家应对能源和排放问题的主要目标和方式。美国作为世界最主要石油消耗国之一，率先制定了燃油能耗标准，为出厂新车辆制定了百公里能源消耗规范。这不仅是为了节约石油资源，同时也是为了降低对石油输出国组织（OPEC）的依赖性。但随着石油危机的结束，这个燃油经济性项目在 20 世纪 80 年代进行了调整，最终终止。直到全球变暖被科学论证以及 2008 年的石油价格高涨，全球大部分国家才又不得不重新开始制定燃油经济性标准。此外，提高车辆的平均承载人数也能够起到改善能耗强度的效果。空驶率越低，车辆载客数越多，单位人公里能耗强度就会越低。一些研究证实了能耗强度对于交通二氧化碳总排放的影响，朱长征运用协整理论和误差修正模型对我国交通运输业 1991～2011 年的二氧化碳排放影响要素进行了实证分析，结果表明，交通能源强度每增长 1 个单位将导致交通运输业碳排放上升 1.429 个单位，因此得出结论：必须要采取有效措施降低交通能耗强度[141]。

车辆的燃油经济性提高的同时也降低了车辆的使用成本，一些学者认为这将会导致交通活动的增加。当人们在享受单位里程燃油消费减少的同时，却往往倾向于行驶更长的出行距离，进而抵消燃油经济性提升所带来的节能减排效果，这种现象被称作"回弹效应"（Rebound Effect）。Small 等研究了美国 1966~2001 年车辆能耗效率提升之后导致额外出行增加的现象，认为回弹效应确实存在，短期和长期的回弹效应分别为 4.5% 和 22.2%。但随着收入的提升和燃料价格的下降，回弹效应会随着时间推移明显降低，1997~2001 年相应的回弹效应不到之前的一半。[142] 总体来看，虽然有回弹效应的存在，但能耗强度的提升还是会拥有巨大的减排潜力，并且随着时间的推移回弹效应会越来越小。政府也可以采取辅助措施，降低回弹效应的影响，例如使用更高的燃油税[29]。

4.1.1.5 燃料类别要素

交通运输所使用燃料的含碳量是最后一个决定交通碳排放水平的直接要素。回顾人类出行的历史，也是能源不断更迭变化的历史。早期人们主要是采用人力或者畜力这样的生物能；而后伴随着工业革命，19 世纪全球交通工具大多采用蒸汽机，由蒸汽驱使，彼时煤炭开始大量使用；进入 20 世纪后，早期车辆主要由电动机和汽油发动机推进，能源包括了电力和汽油。但是由于汽油拥有更高的能量密度和越来越低的使用成本，汽油发动机车辆不久就变得更为流行起来。自此之后，私人机动化的交通出行工具已经普遍采用传统化石能源，仅有一些公共交通车辆如有轨电车仍以电力驱动。近年来，因为全球气候变化等，世界对电能驱动车辆的兴趣才重新燃起。未来交通燃料的市场发展会呈现多样化的趋势，不仅包括汽油、柴油等传统化石燃料，还包括电能、生物燃料、清洁天然气等可替代能源。

不同的燃料拥有不同的碳排放因子，即产生单位能量所需要排放的二氧化碳量。Crertzig 等基于美国地区的研究给出了不同燃料的碳排放因子（见图 4-4）。[143] 车辆运行阶段的排放因子是本书的研究范围。可以发现，传统化石燃料如汽油、柴油排放因子较高。对于电动车辆而言，运行阶段并不产生二氧化碳排放。若从全生命周期的视角来看，即包括燃料的生产、运输、存储等过程，则又有所不同。电能、氢能等二次能源的生产途径将对全生命周期的排放因子产生巨大影响。例如，如果车辆使用的电能都是经由燃烧煤炭进行火力发电所生产的，那么相较于汽油能源，电能将没有任何低排放优势。但就本书所关注的车辆运行阶段排放而言，电能和氢能燃料电池的碳排放因子为零，远远低于传统化石燃料。

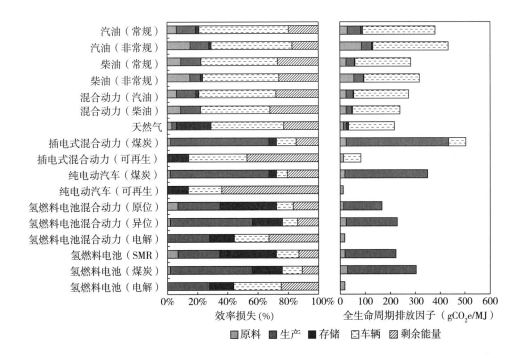

图4-4　全生命周期燃料能源消耗与二氧化碳排放

资料来源：Creutzig F, Mcglynn E, Minx J, et al. Climate policies for road transport revisited（I）：Evaluation of the current framework［J］. Energy Policy, 2011, 39（5）：2396-2406.

4.1.2　外部驱动因子

除了城市交通系统内部自身的转型要素之外，还存在系统以外的元素，这些元素的变化会作用至转型要素，从而间接地影响城市交通碳排放的变化。笔者将这些元素称为外部驱动因子，并将其归类为四类：经济类因子、土地类因子、科技类因子与文化类因子。

4.1.2.1　经济类因子

对市民出行影响的经济类因子包括人均收入水平、出行成本和车辆购置成本等。GDP 增长是交通需求增长最主要的驱动因子之一,剑桥大学的 Schäfer 教授研究了包括北美洲、拉丁美洲、欧洲、亚洲等全球各个地区的人均人公里数与人均 GDP 的关系,认为居民收入对交通需求起到了准决定性的作用[144]。纵观历史长河,全球经济除了短暂的下降之外,整体来看一直保持着不断增长的态势。IEA 预测,2005~2050 年,随着全球经济的持续增长,人均出行距离将会翻番。特别是发展中国家正在且将保持年均 5%~6% 的增长势头。非 OECD 国家同时正处于机动化的高速发展时期,城市居民对于机动化出行的需求还未完全满足。在这些经济体中,小汽车市场保有份额相对较低,因此可以预期其增长势头未来势必会超出 OECD 国家。至 2050 年,OECD 国家的人均交通出行距离将会增加30%,这远远低于经济增长的速率,并且其增长的交通出行量也主要集中在航空出行上,对城市交通出行来说影响并不大。而非 OECD 国家的人均交通出行距离预计会呈现高速增长态势,将会增长超出 1 倍[144]。

相对于人均收入水平,车辆使用成本在短期更有可能发生波动,例如战争或者外交问题都会引起油价的变动,这也更易在短期内影响个体的出行行为。相关研究发现,油价的变化能够在一定时期内影响市民的出行行为,Millard-Ball 和Schipper 对 2008 年油价的升高与小汽车出行距离的关系进行了研究,表明升高的油价导致了美国本土石油销售量大幅下降,市民开始减少小汽车出行活动[134]。车辆购置成本同样会对市民的购车行为产生影响,主要体现在车型的选择上。采取差异化的税收补贴政策、对大排量的乘用车实行高税率、对小排量以及低排放车辆实施低税率甚至补贴,能够起到抑制高排放乘用车销售扩大、促进节能型车辆市场发展的效果[145]。但以长期的眼光来看,若未实施与之相匹配的税收措施,市民收入的增长速度将远远超过交通出行成本的提升[146],随着出行成本占总收入比例的不断下降,出行者仍会倾向于选择更快更远的交通方式[29]。先由步行改变至自行车,再改变为公共交通或者摩托车,之后在某个时间点则会购买小汽车成为一名小汽车出行者。Lin 等研究表明,在更繁荣的城市其居民往往会有更长的通勤距离,可能的原因是,当居民收入水平上升时,常常会购买私人汽车以补偿他们搬往距离市中心更远的区域后增加的通勤距离。[147] 因此,虽然油价常会有波动和走高的趋势,但是只要经济的增幅仍高于出行成本的增幅,出行成本占市民可支配收入的比例就会不断降低,交通活动量仍会不断增加[29]。

4.1.2.2 土地类因子

城市土地的规划利用方式会对交通系统产生深刻的影响[148]，包括城市建成区内的公交可达性程度、人口密度、用地混合度，以下分别对这几个关键因子进行讨论分析。

公交可达性是出行者、公共交通系统和土地利用之间相互作用的关键元素之一[149]，直接影响特定城市空间下居民乘坐公共交通出行的满意度，进而影响公共交通出行量和出行方式占比的大小。公交可达性水平的计算涉及多种不同因素，例如附近公交场站等设施的分布情况、交通工具的发车间隔等。优化公交线路、站点密度等能够提高区域的公交可达性。

人口密度同样会对居民个人出行需求产生影响。Newman 和 Kenworthy 对城市密度与居民出行距离的关系进行了研究，认为两者呈显著负相关关系。[108, 150]此后的一些研究又深入微观层面，考虑了个人选择因素对交通行为的影响，并借助工具变量控制个人选择的干扰，大部分的研究发现，内生变量的问题并不显著，城市密度与通勤距离仍显著负相关[151-154]。Ewing 和 Cervero 整理了大量的关于美国本土居民出行与城市环境的实证研究，并对其进行了荟萃分析，结果也证明了在实际情况中较高的城市密度会缩短平均通勤距离。[155] Engelfriet 等以中国30 个大城市为样本，基于三个独立且公开的众包数据，研究了城市人口密度形态等对居民人均通勤距离的影响，结论表明人口空间集聚等对通勤距离具有决定性作用。[156] 我国一些学者针对单个城市不同人口密度片区的交通出行量进行了分析。彭暐等以大连和沈阳为例，采用 GIS 的空间分析技术，计算了城市密度与交通出行需求的关系，结论表明城市居民出行距离随着人口密度的增加呈下降趋势。[157]

人口居住与就业岗位密度可以作为衡量城市土地混合利用程度的评价指标，一些学者对其进行了分析，发现居民区间出行强度与土地利用混合程度具有较高的相关性。老城区人口和就业岗位密度较高，交通便利程度高，对其他片区的出行吸引力就会较高。而一些新城区用地混合度较小，则会导致该地区的人口跨区域出行，提升出行的距离。因此，通过提升新区的土地多样性和用地混合度，可以减少居民跨区出行比例，均衡城市内部出行的空间分布[158, 159]。

4.1.2.3 科技类因子

科技进步影响了人们的出行方式，几百年间人类的出行工具由马匹到自行车再到轨道交通再到小汽车和飞机，出行的速度和舒适度不断进步，人类的出行距离也越来越远。在这个趋势下，人们每日出行时间仍然保持相对稳定的水平，但每日出行距离却不断提高，人们会选择更为快速的交通方式[144]。除了交通工具种类的不断创新换代，每种工具自身节能技术也在不断进步，包括车身结构的设计优化、发动机的改进、清洁燃料的代替使用、优化驾驶行为等。总结交通工具的节能减排技术如表4-1所示。这些技术的节能减排效果也有学者进行过研究，Cooper 等对货运车辆节能技术进行了归纳总结，研究发现局部的改善能够提高车辆能耗效率，例如运用符合空气动力学的设计方法能够减少车辆风阻系数，从而可以节约高达 8% 的能耗。[160] 若对车辆的轮胎等部件进行降低摩擦力的改进，将系数从 0.0068 减少至 0.0055，近 4 吨重的货车会减少约 6% 的能耗和二氧化碳排放。EuroFOT 研究发现，如果欧盟每辆车使用自适应巡航控制，每年将节省 7亿升燃料并减少 170 万吨二氧化碳排放[161]。美国同样得出了类似的结论，若采用基于自适应巡航等技术的智能交通系统，每年将会减少 2% ~ 4% 的石油消耗量[162]。

表4-1　交通减排技术汇总

节能技术		具体说明
发动机节能技术	高压共轨	通过采用高压油泵，将高压燃油输送至供油管，提高喷射次数和喷射压力，从而进一步提升车辆燃油效率
	发动机复合智能传动	实现发动机负载电驱动，如空调系统和空气压缩机、冷却风扇、真空助力泵、冷却水泵等发动机负载，减少负载产生的燃油消耗
	发动机热管理系统	发动机在工作循环模式时，保证其最佳温度使发动机发挥最大功效
	废气涡轮增压	引擎排出的废气具有一定能量，借助其惯性冲力，空气能更多地进入汽缸。空气的密度和压力增大，改进涡轮机的燃油效率，并且发动机的输出功率也会提高

续表

节能技术		具体说明
车辆节能技术	节能型轮胎	通过选用摩擦系数较低的轮胎，减少滚动的行驶阻力，降低能耗
	减少空阻设计	车辆头部棱角圆化，改变前风窗立柱及形状，采用前后扰流器、导流罩等气动附加装置，降低车身空气阻力系数，减少能量损失
	低粘度润滑油	通过选用粘度较低的机油，并控制机油温度，以减少发动机摩擦导致的能量损失
	汽身轻量化	采用新型轻质材料，车身重量得以减小，减少车辆滚动阻力
优化驾驶	车载智能终端	通过对车辆运行状态的实时监控和提醒，改善驾驶习惯，提高运输组织效率和优化行车路线
清洁燃料	替代燃料	通过采用清洁的燃料，如氢能、电能、天然气等，减少车辆运行产生的排放

资料来源：亚洲开发银行. 中国公路交通资源优化利用［M］. 北京：中国经济出版社，2009.[163]

近年来，互联网技术的推进为未来交通体系的低碳发展增添了新的机遇，诸如无人驾驶、共享交通等新兴技术和出行模式能够为减排助力[164, 165]。一些学者和机构已经开始考虑这些技术的减排潜力，新兴的出行模式被认为可以进一步优化车辆运行效率并提高交通工具的平均载客数。麦肯锡咨询公司2013年的研究报告显示，由于无人驾驶汽车在加速、制动以及变速等方面进行了优化，有助于进一步提高燃油效率、减少排放。随着自动驾驶小汽车的普及，预计未来每年可以减少15%~20%的燃料使用和3亿吨温室气体排放，这相当于航空业二氧化碳排放量的一半[166]。Alonso-Mora等提出了高度可扩展的随时优化算法，认为采用共享交通的组织形式可以大大提高车辆的运营效率。[167] 以纽约市为例，仅仅需要2000辆10座汽车（近纽约出租车的15%）或者3000辆4座汽车提供的共享汽车服务，便可以取代98%的城市出租车，大大降低了出租车辆的空驶率。

4.1.2.4 文化类因子

从全球范围来看，文化类因子对地区选择何种交通方式起到了很大的作用。代表性的文化风潮包括北美主导的汽车文化以及欧洲主导的低碳出行文化。北美小汽车模式特点为城市土地布局密度低，交通基础设施对象主要为小汽车，市民喜爱更重、更大、更耗油的车辆。这种崇尚独立自由的北美小汽车文化也逐渐走出北美洲，对全球产生了一定的影响。与这种趋势相对应的是近年来兴起的"低碳出行"文化，主要源自于欧洲国家，即采用对环境影响最小的出行方式，提倡慢行，多乘坐公共汽车、地铁等公交工具，合乘小汽车等。

两种风潮都对快速机动化中的中国城市带来了冲击。一方面表现为中国地区运动型汽车 SUV（Sport Utility Vehicle）市场极快的发展速度[168]，另一方面也表现为公交优先和新能源汽车的大力推广。从数据来看，2006~2014 年我国 SUV 市场年均增长 48%，远高于乘用车市场 23%；从市场份额来看，SUV 市场份额已从 2006 年的 4.4% 上升到 2014 年的 21.3%，提升了 16.9 个百分点[169]。消费者越来越青睐大排量的高油耗汽车，这些趋势都会抵消技术进步等举措带来的燃油消耗降低。抑制这种高能耗的交通模式文化，发展适应我国高密度人口城市特点的交通方式，还需要将"低碳出行"文化进一步融入人们的生活和思想之中。

4.1.3 系统框架建立

4.1.3.1 系统分析工具

凡系统必有结构，系统结构决定系统功能。系统动力学是定性描述且可定量分析和评价系统机理的有效方法，根据系统内部组成要素的反馈关系，从系统的结构角度来寻找问题发生的根源，从而清晰地表现出系统内外因素的相互关系。笔者采用该工具对城市交通系统碳排放的产生机理进行了分析。

在系统动力学中，刻画组成因素相互关系最常用的一种方法就是因果关系分析。若两个变量之间存在因果关系，就可以用表示因果关系的箭头连接，称之为因果链。每条因果链都具有正负极性，表示当自变量变化时因变量是否会随之同向变化。如图 4-5 所示，变量 A、B、C 之间构成一条因果链，变量 A 的增加会引起变量 B 的增加，但是变量 B 的增加最终会导致变量 C 的减少。系统间所有的因素与之间的因果链构成了一个系统的因果关系图。

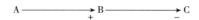

图 4-5　因果链示意图

4.1.3.2 系统变量间关系模型

内部转型要素和外部驱动因子一起构成了城市交通碳排放系统，每个要素或者因子都包含了一种或者几种作用变量，这些变量之间也相互作用、相互影响，最后呈现为整体碳排放水平的变化。

其中，属于内部转型要素的变量如下：①城镇化要素：城市常住人口。②机动化要素：总机动化人公里数、人均机动化出行距离、小汽车保有量、私人交通人公里数、公共交通人公里数、各类交通方式出行人公里数①。③出行结构要素：各类交通方式活动比例。④能耗强度要素：各类交通方式人公里能耗、各类交通工具百公里能耗、各类交通工具平均载客数。⑤燃料种类要素：各类燃料比例②、各类燃料排放因子。

属于外部驱动因子的变量如下。①经济类因子：人均 GDP、小汽车购置成本（传统化石能源车辆、新能源车辆）、小汽车使用成本、公共交通出行成本。②土地利用类因子：慢行交通可达性、公共交通可达性、充电设施可达性、人口密度、用地混合度、单位土地停车位数量。③科技类因子：节能技术水平。④文化类因子：低碳出行理念。

笔者依据上文梳理，将各个变量之间的因果关系进行汇总，绘制成为城市交通碳排放系统框架图（见图4-6）。图中共有超过80个变量，正体字体为内部转型要素变量，斜体字体为外部驱动因子变量。该图反映了城市交通二氧化碳排放的产生机理。每个变量的变化都会对整体系统产生影响，通过不同的作用路径，最后传导至碳排放总量。

4.1.3.3 城市低碳交通政策分类

所谓城市低碳交通政策，即通过直接改变内部转型要素，或者改变外部驱动因子进而间接影响内部转型要素，最终实现城市交通碳排放降低的措施（见图4-7）。每个政策从最初改变的变量起始直至最终变量城市二氧化碳总排放可以连成一条包含多个变量的因果关系链。当最初作用变量变化的正负性与所有关系链的正负性中负向特性总数为奇数时，可认为该政策对二氧化碳总排放起到了减

---

① 各类交通方式包括私人小汽车、摩托车、出租车、巴士、轮渡和轨道。
② 各类燃料包括汽油、柴油、压缩天然气、液化石油气、电能。

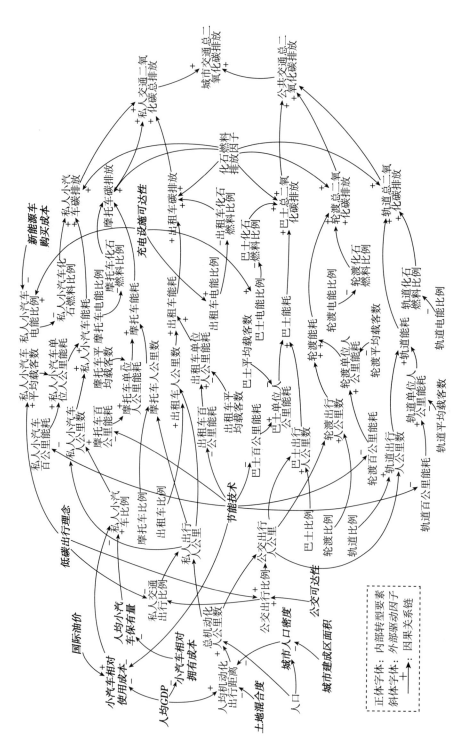

图 4-6 城市交通碳排放系统因果关系框架

排效应。一些政策作用路径会存在回路或者两条甚至以上的多条路径，当所有路径正负极性并不完全相同时，需要对该政策措施的作用效果进行具体的讨论。

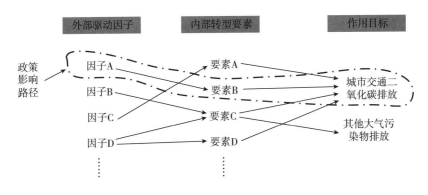

图4-7　城市交通政策影响路径

笔者收集整理了大量的政府公开资料、机构研究报告以及相关学术文献[82, 170-172]①，对典型的城市低碳交通政策措施进行了梳理，共总结归纳为15种措施。这些措施的有效制定和实施均会对城市交通二氧化碳总排放带来减排效应。其中，一些政策的制定目的就是减少城市交通碳排放，如燃油经济性标准等；还有一些政策可能是出于更高层次目标的考虑，例如针对特大城市人口规模的控制措施，其目的在于解决我国城镇化人地失衡问题，防范与治理"城市病"，但同时也能对城市整体交通出行活动量的持续增长起到抑制作用。

综合来看，按政策措施作用目标的转型要素类别可以将其分为五类，分别为城镇化措施、机动化措施、出行结构措施、能耗强度措施和燃料种类措施（见表4-2）。城镇化措施主要为城市人口规模控制；机动化措施包括慢行交通设施建设、土地混合度提升、推广远程办公等；出行结构措施包括公共交通设施建设、车辆牌照控制、税收制度、停车管理、拥堵收费、无车日活动等；能耗强度措施包括燃油经济性标准和机动车报废管理；燃料种类措施包括充电基础设施建设、低排放车辆购置补贴和电动车共享项目等。下文具体分析了各类政策措施，并对该政策措施的全球典型案例进行了梳理，最后结合前文的城市交通碳排放系统框

---

① 相关机构包括C40城市气候领导联盟（C40）、世界资源研究所（World Resources Institute, WRI）、交通与发展政策研究所（The Institute for Transportation and Development Policy, ITDP）、清洁空气联盟（Climate & Clean Air Coalition, CCAC）。

架给出了各自具体的减排路径。

表 4-2 城市低碳交通政策分类（以作用的内部转型要素为依据）

类别	政策措施	典型案例
城镇化措施	城市人口规模控制	中国特大城市人口规模控制
机动化措施	慢行交通设施建设	哥本哈根自行车交通网络 纽约百老汇大街改造
	土地混合度提升	温哥华奥运村建设 斯德哥尔摩哈姆滨湖城改建 巴黎左岸马塞纳区改建
	推广远程办公	韩国公务员远程办公推广
出行结构措施	公共交通设施建设	库里蒂巴 BRT 东京轨道交通网络
	车辆牌照控制	新加坡"拥车证" 上海车牌拍卖制度 北京车牌摇号制度
	税收制度	欧美国家机动车碳税制度 英国燃油税
	停车管理	伦敦开发区停车位限制 旧金山低排放车辆优先停车
	拥堵收费	伦敦拥堵收费区 新加坡拥堵收费 斯德哥尔摩拥堵收费
	无车日活动	世界无车日
能耗强度措施	燃油经济性标准	美国"公司平均燃油经济性标准" 日本"领跑者计划" 中国《乘用车燃料消耗量限值》
	机动车报废管理	韩国汽车报废标准 中国《机动车强制报废标准规定》
燃料种类措施	充电基础设施建设	东京电动车充电设施建设 奥斯陆电动车充电设施建设
	低排放车辆购置补贴	德国超额补贴 旧金山市电动车购置补贴 中国中央与地方政府电动车购置补贴 日本绿色税制
	电动车辆共享项目	巴黎汽车共享 Autolib 设施 上海共享汽车 Evcard

4.2 城镇化与机动化措施影响机理分析

4.2.1 城市人口规模控制

4.2.1.1 典型案例

由于城镇化政策措施只包含单一的城市人口规模政策，因此将其与机动化措施并入同一大类进行梳理。严格控制特大城市人口规模，防范和治理"城市病"，是我国新型城镇化的理性选择。[173] 2013 年 12 月，习近平总书记在中央城镇化工作会议上就曾强调过，"在我们这样一个拥有 13 亿多人口的发展中大国实现城镇化，在人类发展史上没有先例。粗放扩张、人地失衡、举债度日、破坏环境的老路不能再走了，也走不通了"。[174] 《国家新型城镇化规划（2014—2020年）》中也明确提出，要"合理确定城区人口 300 万~500 万的大城市落户条件，严格控制城区人口 500 万以上的特大城市人口规模"[175]。近年来，北京、上海陆续公布了新一期的城市规划，《北京城市总体规划（2016—2035 年）》提出，"按照以水定人的要求，根据可供水资源量和人均水资源量，确定北京市常住人口规模到 2020 年控制在 2300 万人以内，2020 年以后长期稳定在这一水平"。[176] 《上海市城市总体规划（2017—2035 年）》提出，"牢牢守住常住人口规模、规划建设用地总量、生态环境和城市安全四条底线，合理分配各类城市发展战略资源，注重内涵发展和弹性适应，探寻超大城市睿智发展的转型路径"，"至 2020 年将常住人口控制在 2500 万人以内，并以 2500 万人左右的规模作为 2035 年常住人口调控目标。至 2050 年，常住人口规模保持稳定"。[177]

4.2.1.2 机理分析

控制特大城市人口规模是一个重大的发展问题，目的是优先解决存量，重在严格控制增量，两者间相互关联而非平行对立。[178] 其实施不能求之过急地采取简单粗暴的办法来控制外来流动人口，这样不仅难以达到控制人口规模的目的，还可能会引发一系列新的社会矛盾。在实际操作中，需要将产业规模控制、城市功能定位等与城市人口规模结合起来统筹考虑[179]。该政策的减排路径简单清晰，直接作用于城镇化要素进而影响城市交通二氧化碳排放总量（见图4-8）。

图 4-8　城市人口规模控制减排机理

4.2.2　慢行交通设施建设

4.2.2.1　典型案例

哥本哈根以其自行车文化闻名于世，被公认为是世界上自行车最友好的城市。自20世纪起，该市就对自行车基础设施进行了大量投资，根据骑行人员需求制定道路交通政策。政府为此出台了许多改善自行车出行环境的相关政府文件，诸如《自行车绿色路线方案》《自行车道优先计划》《2011—2025自行车规划》《2017—2025年自行车道项目优先实施计划》等。2010年，哥本哈根市制定了面向2025年的新骑行战略，计划修缮市区内外原有的自行车道，同时建成包含三个层次的自行车交通网，分别为普通自行车道、绿色车道和高速自行车道。该战略的最终目标是将采用自行车交通模式的通勤人次增加到50%，并且将严重交通事故减少70%[180]。近十年来，哥本哈根共修建了46公里的自行车道，建立了26条自行车高速公路，连通加密了自行车路网，最大限度减少了骑行者的等待时间，骑行人数增加了19%。据统计，该市50%的骑行人员认为自行车出行是市区最为便捷的交通方式。不仅如此，该市还关注骑行过程的细节优化，例如自行车的"绿波"系统。在上下班高峰期，骑行者只需要保持20公里/小时的速度，就能够赶上下一个路口的绿灯。城市道路沿线设置了无数盏小绿灯，该设施可以和交叉口信号灯进行信息交互，改变自身发光状态从而提醒骑行者增减车速，这使哥本哈根几个主要方向和路口能够形成连续的交通流。此外，还有为骑行者设计的等待绿灯的垫脚石、方便扔垃圾的45度角垃圾桶等，这些设施均大大提高了骑行者的出行满意度。

一些城市寻求改善区域中行人的出行体验，对城市局部地区的慢行环境进行了改造。百老汇大街是纽约最具标志性的街道之一，但是交通拥堵现象十分严重，许多行人被迫挤到狭窄的人行道，工作、购物环境难以令人感到安全且愉悦。2009 年，纽约市开展百老汇大街项目，在多个地方引入了行人区，包括时代广场、纽约先驱广场和曼迪逊广场花园。尽管只是对曼哈顿中心区 3.7 公里的街区步行环境进行了改善，但周围大多数街道的拥堵都得到了缓解，同时行人数量大大提升，时代广场和先驱广场行人数量分别增加 11% 和 6%，自行车出行人数也有所提升，工作日和周末自行车出行人数分别增加了 16% 和 33%[180]。

4.2.2.2　机理分析

通过慢行交通基础设施的建设，可改善地区的慢行交通可达性，提升居民步行和自行车的出行意愿，从而提升慢行交通比例，减少机动化出行距离，最终达到减少交通碳排放的目的（见图 4-9）。

图 4-9　慢行交通设施建设减排机理

4.2.3　土地混合度提升

4.2.3.1　典型案例

土地混合度提升适用于对城市新片区的土地开发或者对老城区的改建。温哥华奥运村的土地开发是城市新片区的典型案例，该片区为 2010 年冬奥会修建，总人口 1.3 万人，住所和上班场所都接近公交系统，且步行即可获取日常所需服务。片区开发整合了多种用途的土地类型，包括居住、商业、公共管理与服务、公用设施等，以缩短社区居民的出行距离，加强当地居民的出行体验。巴黎左岸马塞纳区是针对老城区改建、提高用地混合度的典型案例，该地区原先为铁路站场、仓库和工业用地，当地政府通过将居住、工作、零售和娱乐活动整合到一个区域，如今已经成为混合度高的慢行友好区域。日常目的地的混合，而不是在多个隔离空间分别集中，让出行距离变短，便于步行。土地的混合度提升不仅能够缩短出行距离，同样可以提升地区居民的公交和慢行出行方式。以斯德哥尔摩的哈姆滨湖城为例，当地政府将一个破败的工业区改造成了一个环境可持续的现代混用区域，通过整合土地利用，如今出行人中52%采用公共交通，27%采用自行车或者步行，平均每间公寓的交通二氧化碳排放量比周围其他地区低50%。[180]

4.2.3.2　机理分析

该措施通过提升土地混合度，减少居民的日常出行距离，同时由于出行距离缩短，慢行比例提升会进一步减少机动化出行距离，最终使城市交通总排放降低（见图4-10）。

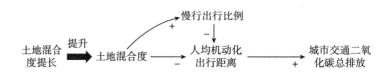

图4-10　土地混合度提升减排机理

4.2.4　推广远程办公

4.2.4.1　典型案例

韩国在全境内14个省会城市和特别市建立"智能工作中心"（Smart Working Center，SWC），即远程办公中心，可以实现公共企业职员和公务员异地办公。2017年已经向韩国各级政府的公务员和公共企业员工开放。这种全新的工作模式不仅提高了公务员办公的效率，有助于信息沟通，还因减少了通勤交通，被认为有助于降低温室气体排放。

4.2.4.2　机理分析

远程办公属于一种生活方式和工作安排模式，可以让使用者灵活地选择地点或者时间办公。人们可以在家或者去附近的咖啡厅办公，而不用乘坐机动化交通去单位定点办公。该措施通过减少日常出行次数，进而减少了机动化出行距离，最终大大降低了个人碳足迹（见图4-11）。

图 4-11　推广远程办公减排机理

4.3　出行结构措施影响机理分析

4.3.1　公共交通设施建设

4.3.1.1　典型案例

公共交通设施建设包括新建快速公交系统 BRT（Bus Rapid Transit）、有轨电车、地铁以及传统公交等城市基础设施，以改善城市的公交可达性，提高城市居民公交出行比例，是公交优先理念的具体落地。

BRT 是一种中运量交通方式，介于常规公交和快速轨道交通之间，既保持了常规公交的灵活性、经济性和便利性，又具有城市轨道交通容量大、速度快的特点[181]。库里蒂巴 BRT 是全球第一个建设的 BRT 系统，其开发是该市总体规划的重要部分，为此还专门创建了库里蒂巴城市规划研究院（IPPUC）负责相关规划工作，主要包括五条交通廊道的建设以及土地利用和交通的整合。自 1974 年以来，库里蒂巴已经形成了完善的网络体系。该系统每天运载乘客 200 万人次，可以满足城市居民 80% 的出行需求。[182] 该系统还包括 30 辆混合动力车，能够降低35% 的燃料需求，同时也限制了大气污染物的排放。库里蒂巴 BRT 的成功使该模式在世界范围内开展起来，已经在全球 150 座城市进行了复制[183]。尤其是在人口密度较大的亚洲和南美洲城市，BRT 项目受到了广泛的欢迎，也为这些城市的低碳发展做出了贡献，诸如阿根廷的布宜诺斯艾利斯、韩国的首尔、印度尼西亚的雅加达以及我国的北京、上海、广州等[171]。此外，欧洲一些人口密度较大的城市，例如巴黎，也建设了 BRT 项目。

轨道交通对于拥有众多人口的大城市来说是解决市民出行问题的最主要措施之一。作为全球最大的城市，东京都市圈拥有世界上最为发达和完善的轨道交通网络系统。在20世纪80年代末，日本就兴起了铁道修建的热潮。随着1927年12月上野站至浅草站长达2.2公里的银座线开通，东京成为亚洲最早拥有地铁的城市。如今历经了90多年的建设，东京圈轨道交通网络不断进行加密以及电气化升级，其线路总长已达到约2500公里，居世界第一位。运营车辆还分为快速列车和普通列车，服务于不同的出行需求。

4.3.1.2 机理分析

该措施通过新建公交基础设施，诸如地铁、BRT、常规公交等，提升地区公共交通可达性和公交服务水平，从而提升地区人口公交出行比例，进而减少了城市交通二氧化碳总排放（见图4-12）。

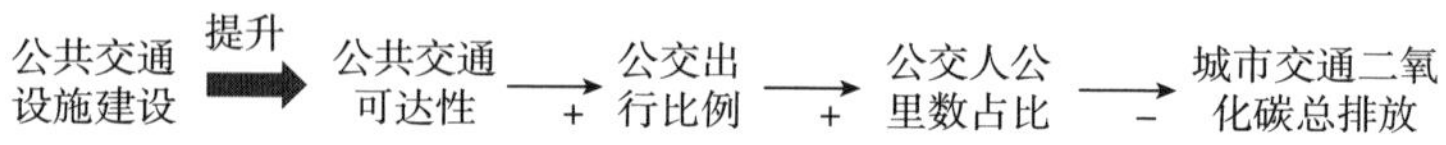

公共交通设施建设 —提升→ 公共交通可达性 —+→ 公交出行比例 —+→ 公交人公里数占比 —−→ 城市交通二氧化碳总排放

图4-12　公共交通设施建设作用机理

4.3.2　车辆牌照控制

4.3.2.1 典型案例

一些城市通过小汽车牌照的限额发布来控制城市机动车的增长和使用，属于交通需求管理的范畴，典型的案例包括新加坡拥车证、上海车牌拍卖制度以及北京车牌摇号制度。为了抑制私人交通比例的提升，新加坡自1991年起开始实行车辆限额制度，所有上路新车需要预先从政府购买有效期为10年的拥车证（COE）。该证件代表了私人小汽车拥有使用的权利，在使用期限到期之后车主需要再次支付一定的费用购买下一个10年的用车权，若不予购买则车辆立刻报废。陆交局会通过预测当月报废汽车数、3%的政府允许车辆净增率以及一个误差调整系数三个参数来制定每个月的拥车证数量。普通车拥车证数量一般是高级车的两倍，这样可以保证排量较小且相对环保的车辆占据绝对市场优势。

上海是国内车辆限额制度实施的先行者，1994年开始通过投标拍卖的形式对新增的私人小汽车额度进行调控。为了进一步加强号牌拍卖管理，2014年其开始实行一次性公布机动车额度年度投放总量和"警示价"措施。2010~2017年共投放了87.48万张个人客车牌照，平均每年投放牌照10.93万张，近年来投放数量较往年稍有提高，但是中标率明显下降，由2010年的54.20%下降至2017年的4.46%[①]。北京则是在2011年开始实行摇号方式无偿分配小客车配额指标，全年共发布小客车牌照24万个。北京市交通委员会提出了"2017年全市机动车保有量控制在600万辆以内，2020年控制在630万辆以内"的目标，为了落实该目标，2014年修改了部分摇号规则，每年发布的小客车指标额度下调为15万个，2018年又将该指标下调至10万个。

4.3.2.2 机理分析

小汽车牌照控制是典型的机动化需求管理措施，通过政府强制性举措减少每年新增小汽车数量，从而缓解小汽车的高速增长带来的出行方式变化，配合公共交通设施建设等举措，可以有效抑制居民小汽车出行比例的快速提升（见图4-13）。

图4-13 车辆牌照控制减排机理

4.3.3 税收制度

4.3.3.1 典型案例

税收制度主要针对小汽车的使用收费，可以将其大致划分为小汽车购置阶段税和使用阶段税，两个类别的典型代表为机动车碳税和燃油税。

当前，英国、德国、奥地利、比利时、丹麦等一些欧洲国家实行了机动车碳税征收。此外，南非、加拿大、美国、法国等也设置了与排放量挂钩的机动车税收机制，这些国家虽然没有针对性的碳税政策，但某种程度上而言也属于碳税国家。各国针对车辆购置阶段的一次性税收税率差距较大。美国、加拿大、芬兰、丹麦、爱尔兰和法国等碳税税率处于相对较低的水平，若新车的每公里碳排放水

---

① 资料来源：笔者依据"上海市非营运性客车额度拍卖网站"提供的数据计算得出，http://chepai.alltobid.com/contents/22/103.html。

平超出 400 克，这几个国家平均每辆车要缴纳的碳税为 2838 欧元。葡萄牙、荷兰、挪威、奥地利的碳税税率在全世界范围内处于相对较高的水平，在同样每公里 400 克碳排放的水平下，平均需要缴纳近 4 万欧元碳税。实施机动车碳税可以有效地抑制高排放车辆的购置和使用。比如在法国，在实施机动车碳税政策以后，政府、单位和个人都倾向于购买节能排放车辆，大排量车辆难有市场，销量逐年减少，其 2008 年的道路交通碳排放量下降至 8 年前水平，这体现了碳税政策的有效激励作用[184]。

除了针对机动车购置的税收，还有针对其使用环节的税收。燃油税就是典型代表，政府会在零售环节对燃油购买征收具有专项性质的税收。它遵循污染者付费原则，通过调整燃料税率可以鼓励节约能源以及引导消费者理性消费，从而达到减少燃料消耗所造成的各种外部性问题。通常燃油税的提升会抑制非必要出行，降低社会对燃油的需求，因此可以用来减少交通二氧化碳排放。20 世纪之初，为了保护环境、控制化石燃料使用，英国率先开征燃油税，税率设置很高，占据汽油销售价格的大部分，其中包含增值税和燃油税，后者又占据较大比例。这个情况一直延续至今，21 世纪初英国本土汽油销售价格约为每升 85 便士，其中生产成本和利润加起来为近 22 便士，增值税约 12 便士，剩下 51 便士都是燃油税，占比高达 60%。2007 年，英国燃油税税率达到近 2.3 英镑/加仑，相较美国高出 8 倍，销售价格也超出 3 倍[185]。

4.3.3.2 机理分析

税收制度通过提升小汽车的购置成本或使用成本来影响市民的出行行为，费用的提升使一部分敏感人群选择成本更低的公共交通方式出行，减少了小汽车的出行比例，最后得以实现交通二氧化碳总排放的降低（见图 4-14）。

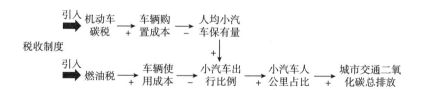

图 4-14 税收制度减排机理

4.3.4　停车管理

4.3.4.1　典型案例

通过限制停车位的使用，可以减少传统化石能源小汽车的购买和使用，鼓励人们驾驶或乘坐低排放车辆。伦敦交通局（TFI）开发出可以对伦敦市内各个场所进行公共交通可达性打分的工具 PTAL（Public Transport Accessibility Level），基于可达性分数为高度可达区域降低停车位标准。该方法首先需要对市民步行到交通站点的距离水平进行评估，包括测量交通服务水平和连通性等；然后基于公交可达性水平制定区域发展规划，设定开发商建设停车位的上限，此举能够在可达性高的区域减少私家车的使用[180]。还有一些城市则是为低排放车辆提供优先停车的权利，如旧金山和纽约等，该城市部分停车场提供仅为节能车辆或电动车辆服务的停车位，该措施可以鼓励低排放车辆的使用。

4.3.4.2　机理分析

该措施通过限制土地停车位上限以减少该地区人均小汽车的保有量和日常使用，从而减少城市交通二氧化碳总排放。此外，还可以通过引入低排放车辆专用停车位，以鼓励新能源车辆的使用，从而提高清洁能源占比，进而减少总排放（见图 4-15）。

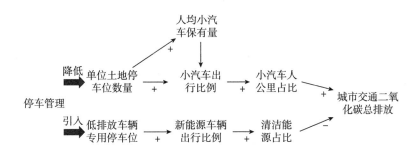

图 4-15　停车管理减排机理

4.3.5　拥堵收费

4.3.5.1　典型案例

拥堵收费措施会针对行驶在拥堵道路上的车辆驾驶员收取一定的附加费用，

目的是在不增加基础设施供给的情况下，通过收费来调节出行需求以缓解拥堵，同时也能起到减少车辆能源消耗和排放的作用。伦敦于 2003 年实施了拥堵收费区措施，旨在缓解市中心交通流量，减少拥堵与能耗排放。拥堵收费区涵盖了 21 平方公里，在工作日的 7：00~18：00 期间实行收费，司机进入需要缴纳 11.5 欧元的费用。区域内对清洁车辆实行折扣措施，全电动车、氢动力车和插电式混合动力车等超低排放车辆能够获得 100% 的折扣，该措施鼓励了清洁车辆的购置和使用，并且拥堵收费的收益将只用于伦敦市交通系统的改善。措施实施一年后数据显示，限制时段内收费区域拥堵水平下降了三成，这是由于期间进入区域的小汽车数量减少了三成，而同期进入区域的公交巴士增长两成，早高峰公交出行者流量由原先不足 8 万人次增至 10 万人次以上[186]。同样实施拥堵收费的城市还包括新加坡、斯德哥尔摩等，与伦敦的实施效果相似，收费区域内交通拥堵现象得到了明显改善，公共交通分担率显著提升[187, 188]。

4.3.5.2 机理分析

通过引入拥堵收费措施，提升了特定时间特定地区小汽车的使用成本，因此也减少了该区域居民使用小汽车出行的比例，进而减少了城市交通二氧化碳总排放量（见图 4-16）。

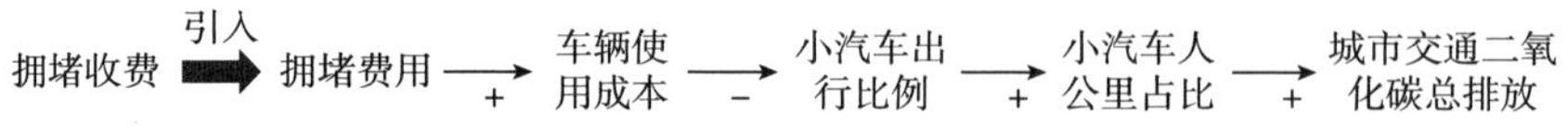

拥堵收费 →引入→ 拥堵费用 →+→ 车辆使用成本 →−→ 小汽车出行比例 →+→ 小汽车人公里占比 →+→ 城市交通二氧化碳总排放

图 4-16　拥堵收费减排机理

4.3.6　无车日活动

4.3.6.1　典型案例

无车日是典型的低碳出行理念的宣传推广措施，起源于 1998 年由法国倡议的一项"今天我在城市不开车"的活动，首次实行便得到了包括巴黎在内的 35 个城市的响应。而后欧盟将无车日纳入了环保政策框架中。随着无车日的影响力和参与城市越来越扩大化，9 月 22 日也被称作"世界无车日"。2001 年全球首届无车日由 33 个国家和 1742 个城市共同举办；而后越来越多的亚洲和南美洲城市也开始参与其中[189]。在"无车日"当天，参与活动的城市将会限制机动车驶入城区，并且通过设立步行区、自行车专用区以及举行一些其他的相关活动来增强民众的环保意识，鼓励人们使用低排放的交通工具出行。

4.3.6.2 机理分析

无车日活动重在低碳出行理念的宣传，伴随着理念的深入人心，影响人们的不仅是当天减少小汽车出行行为，而是平日里也会自觉减少小汽车出行比例，选用公交等低碳的出行方式，最终减少城市交通二氧化碳总排放（见图4-17）。

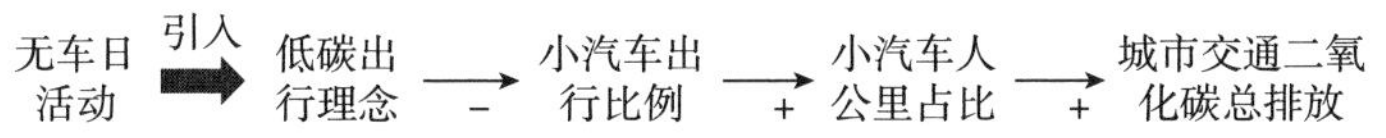

无车日活动 ——引入——> 低碳出行理念 —— − ——> 小汽车出行比例 —— + ——> 小汽车人公里占比 —— + ——> 城市交通二氧化碳总排放

图4-17 无车日活动减排机理

4.4 能耗强度措施影响机理分析

4.4.1 燃油经济性标准

4.4.1.1 典型案例

为降低机动车油耗和温室气体排放，世界上主要采用两大类标准：车辆燃料效率标准和温室气体排放标准。燃料效率标准包括燃油限值标准和燃料经济性标准，前者限制在特定工况下既定距离使用的燃料数量，后者限制特定工况下每单位燃料行驶的里程长度。温室气体排放标准则以排放水平作为限定的抓手，可以考虑所有车辆运行时所产生的各类温室气体，包括二氧化碳、氧化亚氮、碳氢化合物以及甲烷等，也可以只考虑最主要的气体——二氧化碳的排放。该措施被视作减少油耗和二氧化碳排放的最行之有效的办法之一。

燃油经济性标准政策一般是以法律法规的形式进行颁布，因此多为国家层面（见表4-3）。日本的"领跑者计划"（Top Runner Program）是全球最为成功的节能政策之一，源自其1998年修订的节能法。该计划具有一定的灵活性，通过设立能效的标杆，鼓励汽车、电器等制造商生产更为高效节能的产品。具体做法为：首先确定当前市场中每种车型燃油经济性最佳的车辆，其次以其作为目标，规定在一定时间内所有同类型的新车均要达到该水平。美国是最早实施平均燃油经济性标准的国家，于1975年颁布了能源政策与节约法案（EPCA），建立了公司平均燃油经济性标准（Corporate Average Fuel Economy，CAFE），对汽车每消耗单位油量的行驶距离进行了强制性规定以提高车辆的燃油利用效率。具体设置了两个阶段性目标：1978年和1985年的汽车生产公司平均燃油经济性分别需要达到18英里/加仑和27.5英里/加仑。在此标准的实施下，全美新型小汽车2004~2012年

表4-3　主要国家（地区）燃油经济性标准

大洲	国家	年份	工况	形式	类型	目标
北美洲	美国	2016 2025	U.S. 综合工况	基于足迹的公司平均	温室气体/燃油经济性	34.1mpg 或 250gCO$_2$/ml 49.1mpg 或 165gCO$_2$/ml
	加拿大	2016	U.S. 综合工况	基于足迹的公司平均	温室气体	153gCO$_2$/ml
	墨西哥	2016	U.S. 综合工况	基于重量的公司平均	燃油经济性/温室气体	35.1mpg 或 157g/km
南美洲	巴西	2017	U.S. 综合工况	基于重量的公司平均	燃油经济性	1.82MJ/km
欧洲	欧盟	2015 2020	NEDC 小功率汽车工况	基于重量的公司平均	二氧化碳	130g CO$_2$/km 95g CO$_2$/km
亚洲	沙特阿拉伯	2020	U.S. 综合工况	基于足迹的公司平均	燃油经济性	17km/L
	印度	2016 2021	NEDC 小功率汽车工况	基于重量的公司平均	二氧化碳	130g/km 113 g/km
	日本	2015 2020	JC08 工况	基于重量类别的公司平均	燃油经济性	16.8km/L 20.3 km/L
	韩国	2015	U.S. 综合工况	基于重量的公司平均	温室气体/燃油经济性	140gCO$_2$/km 或 17km/L
	中国	2015 2020	NEDC 工况	基于重量类别的每辆车及公司平均	燃油经济性	6.9L/100km 5L/100km

资料来源：Bongardt D, Creutzig F, Hüging H, et al. Low-carbon land transport：Policy handbook［M］. Routledge, 2013.

燃油经济性平均每年提高 5%，2012 年后每年提高 3%。照此估算，在 2010 年和 2020 年美国平均每天分别可以节约 150 万桶和 470 万桶石油。近年来，我国也开始逐步重视起对车辆能耗强度的改善，2000 年后陆续发布了《轻型汽车燃料消耗量试验方法》《乘用车燃料消耗量限值》《轻型商用车燃料消耗量限值》以及《重型商用车辆燃料消耗量限值》等文件，阐明了车辆燃油消耗量的试验测算方法以及标准。这个标准并非针对企业所生产车辆能耗强度平均标准，而是最低标准，要求所有新车均要达标。在政策的实施下，我国车辆燃油经济性水平较以前已经有了很大的进步，但与国外差距仍然巨大。同时，若综合考虑车辆重量、发动机功率等，将燃油经济性标准换算为单位车重下数值，则也仍低于世界先进国家标准。

4.4.1.2 机理分析

燃油经济性标准一般是以法律法规形式颁布，它借助国家或政府的权威即强制力，迫使目标团体及个人采取减排行为，具有一定的强制性。标准的提出使汽车生产商努力提高自身的工艺水平，减少所生产小汽车百公里油耗量，从而减少单位人公里能耗，最终起到减排效果（见图 4-18）。需要注意的是，车辆燃油经济性的提升会产生"回弹效应"，即导致车辆使用成本的降低，进而提高小汽车的人公里数，最后会对碳排放起到增长作用。不过回弹效应所带来的碳排放量增长无法抵消其减排效果，同时该政策措施配合燃油税的实施，能够进一步消除回弹效应的影响。

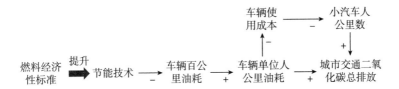

图 4-18 燃油经济性标准减排机理

4.4.2 机动车报废管理

4.4.2.1 典型案例

机动车报废管理是指根据机动车使用和安全技术、排放检验状况，国家对达到报废标准或者发动机、底盘出现重要损坏的机动车实施强制报废的措施。老旧机动车由于技术落后等原因，在运行过程中易产生相对较多的油耗与污染物排放，通过统一的报废管理可以减少这一不利影响。

机动车报废管理这一制度在世界范围内有广泛的应用。在韩国，机动车报废标准的办法按照适用对象有所不同。营运车达到相应的报废年限就会被强制报废。对私家车而言，则没有确定的强制报废年限。公共汽车、个人出租车与公司出租车相应的报废年限分别是 10 年、5 年与 3 年，对于行驶里程无相关要求。在对机动车报废执行情况的监管上，主要根据反映汽车安全和技术情况的年检来实行。2012 年 12 月 27 日，商务部、国家发展和改革委员会、公安部、环境保护部发布了《机动车强制报废标准规定》，其中限定了各个类型车辆的使用年限，公交客运汽车为 13 年，大、中、小微型出租车分别为 12 年、10年、8 年，小微型非营运载客汽车、大型非营运轿车、轮式专用机械车则无使用年限限制。另外，部分地区还针对"黄标车"（即高污染排放车辆）设置了报废时限规定。2013 年，东莞颁布《东莞市黄标车淘汰更新鼓励补贴方案》，计划在 3 年内分批次淘汰全市超过 12 万辆的"黄标车"，并投入约 8 亿元用于补贴。吉林省环保厅计划于 2015 年底前淘汰 2005 年 12 月 31 日前注册运营的近 18 万辆"黄标车"。

4.4.2.2 机理分析

车辆的能耗强度和排放强度会随着车龄以及车辆行驶里程数的增加而出现不同程度的劣化。机动车报废管理主要针对营运客车，即公交巴士和出租车，通过报废超过规定年限的老旧车辆，能够减少行驶车队中高排放车辆比例，减少车队平均能耗强度，最终减少城市交通总排放（见图 4-19）。

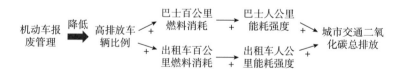

图 4-19 机动车报废管理减排机理

4.5 燃料种类措施影响机理分析

4.5.1 充电基础设施建设

4.5.1.1 典型案例

城市需要早做计划，为未来电动车份额增长提供必要的电气基础设施。日本东京大都市区的特殊行政区库图市就在新开发项目中重点为新能源车辆基础设施提供了预留规划，从而削减了未来翻新重建可能带来的成本。该市人口正在急剧增长，每年有70多个新建的公寓楼区。经过修订于2010年生效的规划指导方针鼓励新公寓大厦为10%以上的停车场提供充足的电动车充电设施，这类倡议在日本尚属首次。2013年，该市263栋新多单元住宅中有49栋建设了充电设施，为未来该地区新能源车辆使用的增加奠定了基础。挪威首都奥斯陆通过增加1000多个充电站改善了城市电动车辆运行环境，加之与其匹配的一系列鼓励措施，奥斯陆的电动车数量从2012年的4000辆增加到2015年底的30000辆。自2012年以来，新增长的电动车辆使该市车辆使用平均碳排放降低了35%，目前其人均拥有电动车数量为世界第一。

4.5.1.2 机理分析

通过新建充电基础设施，为未来电能驱动小汽车提供充电场所，能够提高市民对电动车辆的购买意愿，从而提升电动车比例，最终达到降低城市交通二氧化碳总能耗的目的（见图4-20）。

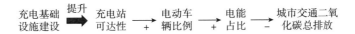

图4-20 充电基础设施建设减排机理

4.5.2　新能源车辆购置补贴

4.5.2.1　典型案例

与对高排放车辆收税相对应的措施是减少低排放车辆税率或者对其进行补贴。在德国，补贴所花费的费用来源于政府和汽车制造企业两方，对购买纯电动车的用户补贴 4000 欧元，对购买插电式混合动力汽车用户补贴 3000 欧元。美国旧金山等城市积极推广电动汽车的使用，鼓励计划包括为私人购买电动车辆提供购置补贴，金额从 400 美元到 2500 美元不等。由于市场条件随着电动车购置的增加而发生变化，旧金山补贴金额会慢慢减少[190]。为了扶持低排放车辆的发展，我国同样也采取了补贴措施。2010 年中央财政安排专项资金，支持开展私人购买新能源汽车补贴试点，首批五个试点城市为北京、上海、深圳、重庆和武汉。相关政府文件《私人购买新能源汽车试点财政补助资金管理暂行办法》中指出，中央财政将会对汽车生产企业或电池租赁企业给予补助，而后企业需按扣除补助的价格向私人或者租赁企业销售新能源车辆或者租赁电池。购买一辆纯电动乘用车则能得到最高为 6 万元的补贴；购买一辆插电式混合动力乘用车能得到最高为 5 万元的补贴。并且有些地方政府同样也设置了专项资金，对私人购买低排放车辆进行进一步的补贴。例如，上海市 2014 年发布了《上海市鼓励购买和使用新能源汽车暂行办法》，该办法说明，在上海购买新能源汽车，消费者不仅能得到来自于中央财政的补助，同时还能得到来自于上海市地方财政的补助，具体补助标准根据登记车型目录有关信息确认，纯电动乘用车为 4 万元/辆，插电式混合动力乘用车为 3 万元/辆。随着新能源汽车市场的不断发展和成熟，无论是中央还是地方的补贴力度都逐渐减弱，至 2020 年底将逐渐取消。

另一些地区则是通过采取减免新能源车辆相关税务的方式对其给予补贴。在日本，纯电动汽车、混合动力车辆、清洁柴油车被政府视为"下一代汽车"，因此根据 2009 年开始实行的"绿色税制"，购买这些车辆可以享受免除多种税收的优惠，另外其他得到认证的低排放、低油耗车辆也能享受相应优惠。同样地，挪威首都奥斯陆免征收电动车的购置税和增值税，这也使当地电动车的保有量迅速提升。

4.5.2.2 机理分析

政府通过对新能源车辆提供购置补贴的措施，减少了新能源车辆的购置成本，在新能源汽车产业的发展初期能够提供较大的帮助，相对低廉的价格使市民愿意选购低碳的新能源车辆，从而提升了车队中低排放车辆比例，减少了城市交通二氧化碳总排放（见图4-21）。

图4-21 新能源车辆购置补贴减排机理

4.5.3 电动车辆共享项目

4.5.3.1 典型案例

巴黎通过和博罗雷工业集团的合作，提供了一种汽车共享服务Autolib，为面临拥堵和汽车成本上升的居民提供便利而且具有成本效益的替代方案。汽车共享项目全部由电动车组成，通过为潜在用户提供更舒适的电动车，克服了电动车的市场障碍。Autolib由2500辆电动车和4710个充电站组成，已经吸引了660万人次和17.8万名登记用户。这些措施使巴黎2011~2014年实现了7575吨的二氧化碳减排。上海市也于2013年诞生了自己的电动汽车共享项目Evcard，该项目同样通过分时租赁的方式推广了电动汽车的使用，目标是多人高效率共用来降低私人使用电动汽车成本、减少化石燃料小汽车的使用，以此缓解日趋严重的城市污染问题。截至2017年底，Evcard已经扩展至全国40个城市，共计8100多个租还网点、1.6万多辆新能源汽车投入运营，月订单超过110万个。

4.5.3.2 机理分析

该措施通过大规模地建设基础充电设施以及提供可控分时租赁的电动汽车，为市民提供无须购置车辆也能采取电动汽车出行的可能，相对意义上消除了电动车辆的购置成本，从而提升了全市运行车队的电能比例，最终起到减排作用（见图4-22）。

图 4-22　电动车辆共享项目减排路径

4.6　本章小结

本章首先对影响城市交通二氧化碳排放的内部转型要素和外部驱动因子进行了分析。其中，内部转型要素包括城镇化要素、机动化要素、出行结构要素、能耗强度要素和燃料种类要素；外部驱动因子包括经济类因子、土地类因子、科技类因子和文化类因子。其次采用系统动力学的方法将两类变量整合起来，构建成一个因果关系清晰的系统框架模型。在此基础上，全面梳理了全球典型的低碳交通政策措施，以主要作用对象将政策进行了分类。最后介绍了政策的相关典型案例，并基于系统框架模型对政策措施的影响机理进行了剖析，为低碳交通政策的选取提供了理论基础。

5　基于 LMDI 的城市交通政策减排效应分析

中国城市正处于交通低碳转型发展的初期阶段,转型的速度和效果都是未知数。为了促进中国城市交通低碳转型的快速发展,吸收借鉴西方早发城市的经验尤为必要。本章的目的是采用因素分解的方法将影响碳排放变化的因素的贡献程度加以量化,通过对各洲城市交通各个转型时期的影响因素的共性和特性的实证分析,明确不同时期低碳转型要素的作用重点。而后实证分析政策的有效性,选取典型政策措施和城市,比较政策实施前后转型要素的贡献度变化程度,明确其减排效应,以此作为指导我国城市交通未来低碳发展的基础。

5.1　转型要素贡献度分解方法

5.1.1　对数平均迪氏分解法

因素分解法旨在分析事物性质、状态特点、变化特征及作用机理,在社会经济领域有越来越广泛的应用,尤其是在能源消耗与温室气体排放方面。常见的因素分解法有结构分解分析(Structure Decomposition Analysis,SDA)和指数分解分析(Index Decomposition Analysis,IDA)两种方法。结构分解分析基于消耗系数矩阵,利用投入产出表进行分析。指数分解分析则是对各个产业部门进行时间序列分析，或者进行跨区域比较。IDA 方法的基本思想是：将一个目标变量分解为很多因素的结合，然后判析每一个因素对结果的影响大小，称之为贡献度。利用已有的数据，可以逐层分解，从而区分各个影响因素对目标变量的影响。

指数分解分析方法主要有 Laspeyres 方法与 Divisia 方法。目前，Divisia 方法已经逐渐成为学界实证研究的主流方法，因为该方法不会像 Laspeyres 方法那样在分解的过程中产生无法合并、无法忽略的残差项，所以不会出现由于残差项较大而对分解结果造成影响的情况。相较而言，一种典型的 Divisia 方法——对数平均迪氏分解法（Logarithmic Mean Divisia Index，LMDI）的全分解无残差，模型在理论和应用上更具备说服力。该分解方法的推导过程由 B. W. Ang 于 2005 年发表[191]，目前已经被广泛用于测算等式中各个分解因素对于被分解变量的变化贡献程度，因此可以用于分析城市交通低碳转型各个要素的贡献度。

5.1.2 转型要素排放恒等式

要素分解需要基于温室气体排放的恒等式，城市交通二氧化碳总排放可以视为五类转型要素的乘积，由此构成转型要素排放恒等式，如式 5-1 所示。

$$C = \sum_{ij} C_{ij} = \sum_{ij} \left(P \times \frac{L}{P} \times \frac{L_i}{L} \times \frac{E_i}{l_i} \times \frac{E_{ij}}{E_i} \times \frac{C_{ij}}{E_{ij}} \right) \tag{5-1}$$

式中，C 为城市交通二氧化碳总排放，i 为交通方式，j 为能源种类，P 为城市建成区人口，L 为城市总机动化出行距离，E 为能源消耗量。

该公式可以被简写为：

$$C = \sum_{ij} (P \times l \times S_i \times I_i \times M_{ij} \times f_j) \tag{5-2}$$

式中，l 为人均机动化出行距离，S 为市民出行方式结构，I 为同一类型车辆平均能耗强度，M 为该出行方式燃料种类占比，f 为 j 种燃料的碳排放因子。

该乘数代表指标分别为城市常住人口、人均机动化出行距离、出行方式比例、单位人公里交通能耗和车辆燃料比例。随着社会的发展，各个要素自身水平会发生不同程度的变化，这些变化最终都会反映在碳排放总量上。当各个要素作用总和为正向时，碳排放表现为增加；当各个要素作用总和为负向时，碳排放则表现为减少。

5.1.3 要素贡献度分解公式

LMDI 方法又可以分为两类：乘法分解和加法分解。

5.1.3.1 乘法分解公式

在乘法分解中，测算年 T 与基准年 0 碳排放总量之比 D_{tot} 可以由如下公式表示：

$$D_{tot} = C^T / C^0 = D_P D_L D_S D_M D_I D_f \Delta C_{tot} \tag{5-3}$$

各个影响因素影响效果可以由以下公式量化计算得出：

$$D_P = \exp\left[\sum_{ij} \widetilde{w}_{ij} \ln\left(\frac{P^T}{P^0} \right) \right] \tag{5-4}$$

$$D_L = \exp\left[\sum_{ij} \widetilde{w}_{ij} \ln\left(\frac{L^T}{L^0} \right) \right] \tag{5-5}$$

$$D_S = \exp\left[\sum_{ij} \widetilde{w}_{ij} \ln\left(\frac{S_i^T}{S_i^0} \right) \right] \tag{5-6}$$

$$D_M = \exp\left[\sum_{ij} \widetilde{w}_{ij} \ln\left(\frac{M_{ij}^T}{M_{ij}^0} \right) \right] \tag{5-7}$$

$$D_I = \exp\left[\sum_{ij} \widetilde{w}_{ij} \ln\left(\frac{I_i^T}{I_i^0} \right) \right] \tag{5-8}$$

$$D_f = \exp\left[\sum_{ij} \widetilde{w}_{ij} \ln\left(\frac{f_i^T}{f_i^0} \right) \right] \tag{5-9}$$

$$\widetilde{w}_{ij} = \frac{(C_{ij}^T - C_{ij}^0) \, / \, (\ln C_{ij}^T - \ln C_{ij}^0)}{(C^T - C^0) \, / \, (\ln C^T - \ln C^0)} \tag{5-10}$$

5.1.3.2 加法分解公式

在加法分解中，测算年 T 与基准年 0 碳排放的差值 ΔC_{tot} 可以由如下公式表示：

$$\Delta C_{tot} = C^T - C^0 = \Delta C_p + \Delta C_L + \Delta C_S + \Delta C_M + \Delta C_I + \Delta C_f \tag{5-11}$$

各个影响因素影响效果可以由以下公式量化计算得出：

$$\Delta C_P = \sum_{ij} \widetilde{\mu}_{ij} \ln\left(\frac{Q^T}{Q^0} \right) \tag{5-12}$$

$$\Delta C_L = \sum_{ij} \widetilde{\mu}_{ij} \ln\left(\frac{L^T}{L^0} \right) \tag{5-13}$$

$$\Delta C_S = \sum_{ij} \widetilde{\mu}_{ij} \ln\left(\frac{S_i^T}{S_i^0}\right) \tag{5-14}$$

$$\Delta C_M = \sum_{ij} \widetilde{\mu}_{ij} \ln\left(\frac{M_{ij}^T}{M_{ij}^0}\right) \tag{5-15}$$

$$\Delta C_I = \sum_{ij} \widetilde{\mu}_{ij} \ln\left(\frac{I_i^T}{I_i^0}\right) \tag{5-16}$$

$$\Delta C_f = \sum_{ij} \widetilde{\mu}_{ij} \ln\left(\frac{f_i^T}{f_i^0}\right) \tag{5-17}$$

$$\widetilde{\mu}_{ij} = \frac{C_{ij}^T - C_{ij}^0}{\ln C^T - \ln C^0} \tag{5-18}$$

这六个影响因素可以分别被看作城镇化要素贡献度（ΔC_P，D_P）、机动化要素贡献度（ΔC_L，D_L）、出行结构要素贡献度（ΔC_S，D_S）、能耗强度要素贡献度（ΔC_M，D_M）、燃料种类要素贡献度（ΔC_I，D_I）和能源排放因子效果（ΔC_f，D_f）。计算数值越高，则说明该驱动因子在计算年间起到的效用越高。在本书中，由于设定能源碳排放因子不变，统一使用《IPCC 国家温室气体清单指南》推荐的数值，因此 $f_i^T / f_i^0 = 1$，加法分解中能源碳排放因子效果为 0，乘法分解中能源碳排放因子效果为 1，故实际应用中主要考虑其余五类影响因素，不考虑碳排放因子的影响作用。

5.2 基于乘法分解的要素贡献度阶段特征分析

应用 LMDI 方法，将所研究城市按洲际和转型期划分，进行碳排放变化因素分解。由于城市交通二氧化碳总排放基数不同，因此为方便比较，采用乘法分解更能体现城市间各个要素贡献度的差异。同时，考虑测算时间和周期的差异，笔者对所有减排贡献度进行了标准化处理，均以十年作用效果为标准。

图 5-1 展现了不同转型时期的四个大洲城市各个转型要素的平均贡献度。五个要素组成五边形的雷达图，每个顶点的值表示该要素对该阶段碳排放变化的贡

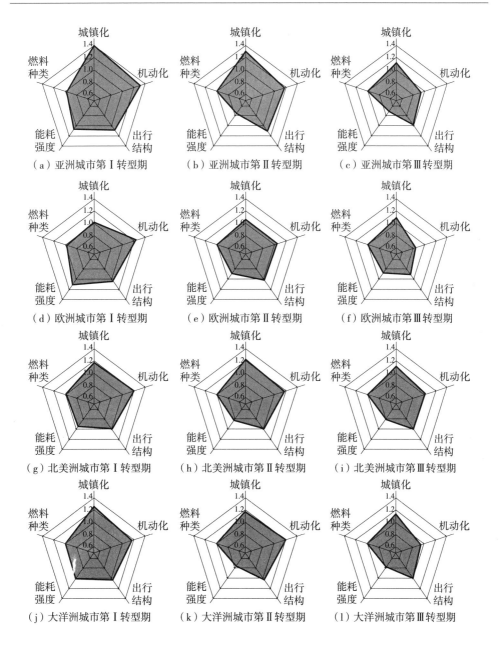

图 5-1 各大洲城市交通低碳转型要素贡献度（分转型时期）

献程度，大于 1.00 表示促进碳排放增长，小于 1.00 表示有助于减少交通碳排放
的产生。五边形的五个顶点值的乘积为该转型期碳排放的变化水平，若值高于

1.00，表示碳排放增长，反之则表示下降。从第Ⅰ转型期至第Ⅲ转型期，可以明显地看到所有大洲城市的五边形面积在不断减少，这反映了城市交通碳排放总量增长趋势得到抑制而后减少的过程。

不同大洲的城市在各个转型期里的作用要素不尽相同，例如北美洲城市重点为能耗强度要素，该要素在三个阶段中均处于小于1.00的水平，欧洲城市则是所有要素均处于较低水平，尤其机动化要素显著低于其他城市。因此，笔者针对各个转型时期各洲城市转型重点分别进行了讨论。

5.2.1 第Ⅰ转型期要素贡献度分析

第Ⅰ转型期为单位GDP城市交通碳排放轨迹达峰驻点和人均城市交通碳排放轨迹达峰驻点间隔的时期。在该时期里，绝对指标表现为单位GDP指标下降而人均和总排放指标不断攀升，因此五个要素贡献的乘积应大于1.00。如表5-1所示，亚洲、欧洲、北美洲和大洋洲该阶段城市交通总排放平均每十年分别增长为原先的2.03倍、1.35倍、1.39倍和1.51倍。

表5-1 第Ⅰ转型期要素贡献度

	城镇化要素	机动化要素	出行结构要素	能耗强度要素	燃料种类要素
亚洲	1.39	1.31	1.07	1.06	0.98
欧洲	1.01	1.23	1.03	1.06	0.99
北美洲	1.19	1.21	1.01	0.96	1.00
大洋洲	1.25	1.15	1.03	1.01	1.00

亚洲、欧洲和北美洲分别有一个要素贡献度小于1.00，而大洋洲所有要素贡献度均大于1.00。亚洲和欧洲燃料种类要素分别为0.98和0.99，由于亚洲和欧洲公共交通出行比例较高，随着地铁的建设和发展，公共交通电气化水平得以提升，因此起到了一定的减排效果。北美洲城市第Ⅰ转型阶段后期为20世纪70年代，当时全球爆发了石油危机，化石燃料价格飞涨。出于环境保护和国家安全的考虑，美国开始注意车辆的能耗问题，不再放任汽车产业大排量化、高能耗化发展，这体现在能耗强度要素贡献度仅为0.96上。

5.2.2 第 II 转型期要素贡献度分析

第 II 转型期为人均城市交通碳排放轨迹达峰驻点和城市交通二氧化碳总排放达峰驻点间隔的时期。在该时期里，绝对指标表现为单位 GDP 指标和人均指标双双下降，而总排放指标仍然增长，因此所有贡献度乘积依然大于 1.00。几乎所有要素贡献度都较上个时期有所降低。亚洲、欧洲、北美洲和大洋洲城市交通总排放平均每十年增长为原先的 1.25 倍、1.01 倍、1.17 倍、1.12 倍。排除城镇化要素以外，剩余四个要素乘积应小于 1.00，四大洲该乘积均处于 0.94 ~ 0.97 区间，表示人均指标有所下降（见表 5-2）。

表 5-2　第 II 转型期要素贡献度

	城镇化要素	机动化要素	出行结构要素	能耗强度要素	燃料种类要素
亚洲	1.29	1.18	1.11	0.75	0.98
欧洲	1.07	1.05	1.03	0.87	1.00
北美洲	1.22	1.18	1.00	0.81	1.00
大洋洲	1.18	1.22	1.03	0.75	1.00

这个阶段主要集中在 20 世纪 80 ~ 90 年代，欧美国家城市靠前，亚洲发达地区城市靠后。在第 II 转型期里，全球所有城市的能耗强度要素均起到了减排的作用，车辆单位人公里能耗强度有所下降。低碳节能车辆大力发展是该时期最明显的特点，全球各个汽车企业均在探索一条更高效的燃油经济性之路。尤其是亚洲地区，能耗强度要素低至 0.75。日本、韩国高度重视汽车工业节能减排发展，早在 1979 年日本政府就颁布了《节能法》，强制要求汽车制造企业达到政府规定的燃料效率标准。在欧美汽车企业受到石油危机重创之后，小排量、更加节能的环保汽车也受到了全球的青睐，在这个时期，日本成为全球最大的汽车出口国。自身的节能发展以及亚洲汽车迅速占领市场，使欧洲、北美洲和大洋洲地区平均车辆燃油经济性有所下降。例如，澳大利亚在 20 世纪 80 年代解除了对进口车的限制，这也使随后更为节能的日本车辆迅速占领市场，成为当地最流行的交通工具。

5.2.3 第Ⅲ转型期要素贡献度分析

第Ⅲ转型期为城市交通二氧化碳总排放轨迹驻点出现以后的时期，在该时期里三个绝对指标均不断降低。由于该阶段还处在发展过程之中，因此本书所指的第Ⅲ转型期仅为该阶段的初期。四个大洲城市交通总排放平均每十年分别降低为原先的 0.75 倍、0.70 倍、0.91 倍和 0.83 倍，去除城镇化要素以外，乘积更是低至 0.68、0.65、0.82 和 0.72（见表 5-3）。

表 5-3　第Ⅲ转型期要素贡献度

	城镇化要素	机动化要素	出行结构要素	能耗强度要素	燃料种类要素
亚洲	1.11	0.97	0.98	0.71	1.00
欧洲	1.09	0.84	0.92	0.88	1.00
北美洲	1.11	1.02	1.00	0.80	1.00
大洋洲	1.15	0.94	1.00	0.77	1.00

转型要素贡献度较前两个阶段也明显有大幅度的下降。车辆的节能发展依然是这个阶段的重心，其燃油经济性改善所带来的能耗强度要素的减排贡献维持着上个阶段的水平，均在 0.70~0.90 区间。除了能耗强度要素之外，机动化、出行结构要素也出现了小于 1.00 的结果，表明在该阶段有多个要素都为减排做出了贡献。亚洲、欧洲、大洋洲机动化要素均起到减排效果，尤其是欧洲城市，该要素仅为 0.84。具有代表性的有丹麦的哥本哈根，全市全力推进自行车出行，不少人减少了小汽车通勤而选择更为方便的自行车出行，慢行方式比例逐年上升，因此减少了人均机动化出行距离。大洋洲城市地广人稀，能减少机动化出行距离实属不易，这归功于大型城市人口密度的上升。墨尔本 1995~2012 年城市人口密度增长了约 57%，如今其市中心已经成为全澳大利亚人口密度最高的区域。城市人口密度的增长使人们通勤、购物等的平均距离更短，因此也减少了整体的机动化出行距离。

亚洲、欧洲出行结构要素也起到了减排的效果，两个大洲均属于人口较为密集的地区，有发展公共交通的基础条件，人均公共交通出行距离占总机动化出行距离比例有所提升。随着低碳和慢行意识的提升，欧洲城市人均小汽车出行距离有所下降。虽然欧洲人口一直稳定，很多国家还保持负增长态势，但特大城市人口在这个阶段还有进一步的增长，政府为此新修建了地铁线路，例如巴黎。亚洲一些城市在鼓励公交出行的同时，限制了私人小汽车的拥有和使用，这在一定程度上抑制了私人小汽车过快的增长速度。

在三个转型期间，各大洲城市的燃料种类要素基本维持在 1.00 附近，对城市交通碳排放增长和减少均未起到明显的作用效果。这是因为研究期间人类交通工具所使用的燃料种类并未发生本质上的变化，小汽车以汽油为主，公共汽车主要是柴油，而轨道交通以电能驱动。一些对传统车辆发动机的改进措施使小汽车能够使用一些其他的燃料，如压缩天然气、液化石油气、生物燃料等。但是一方面，这些燃料的碳排放因子与汽油相比变化并不大，另一方面，这些燃料远远没有对现有的汽车市场产生全面的影响。因此，北美洲和大洋洲这些以小汽车作为市民主要出行方式的城市，很多城市人均小汽车出行距离占比甚至超过了 90%，其交通燃料种类稳定，所以未起到增减排作用。对于公共交通占一定比例的亚洲城市而言，早期的地铁修建可以使公共交通出行工具中电能比例逐渐提升，燃料种类要素能起到一定程度的减排作用。例如，20 世纪 80 年代的新加坡开通了大众捷运系统（Mass Rapid Transport），在这个时期其燃料种类要素贡献度为 0.86。欧洲城市轨道交通系统早于本书所测算的阶段就已大体完善，因此燃料种类要素作用无法体现。

5.3 基于加法分解的典型城市政策减排效应分析

加法分解结果能够更为清晰地观测单个案例的排放变化贡献度。在本节，笔者从研究的城市中选取出典型的政策措施案例，对比政策实施前后作用转型要素的二氧化碳减排贡献，对其减排效应进行实证分析。典型的政策措施包括慢行交通设施建设、公共交通设施建设以及燃油经济性标准等，分别对应机动化措施、出行结构措施和能耗强度措施。由于城镇化措施主要为我国大城市人口规模控制措施，尚未有实施效果数据，而燃料类别措施主要为新能源汽车的推广，相关城市开始实施的时间点集中在近几年，目前电动车辆市场占有率较低，效果并不显著，因此本节并未涉及这两类政策的减排效应分析。

5.3.1 机动化措施减排效应

5.3.1.1 哥本哈根：自行车绿道计划

哥本哈根的城市交通系统的二氧化碳总排放量在 1960~2012 年经历了先增后减的过程：1960~1990 年排放呈翻倍增长，由 81.32 万吨增长至 195.59 万吨；20 世纪 90 年代整体保持平稳态势，有略微降低；进入 21 世纪之后，总排放出现了显著的下降，2012 年降低至 107.72 万吨，较 2001 年减少了 41.92%。

哥本哈根是本书第 3 章筛选的长期低碳范式城市的典型代表，同时也是全球公认的慢行友好型城市，其排放趋势的减缓和降低很大程度上源于该市对自行车使用的大力推广。20 世纪末至 21 世纪初，该市政府通过了一系列的发展慢行交通的政策措施：1996 年决定每两年公布一次《哥本哈根市自行车骑车者统计年报》，用于全面检测全市自行车发展指标，包括公共预算、自行车网络、出行分担率等；1997 年正式颁布的《交通与环境规划》中明确指出，要抑制小汽车交通的增长，大力发展自行车和公共交通；2000 年通过《自行车绿色线路方案》和《自行车绿道计划》；2002 年发布《自行车政策 2002—2012》，提出了大量可操作的项目计划。在此期间，该市修建了大量的慢行交通基础设施，上文已对此有过相关阐述，包括 26 条自行车高速公路和不断加密的自行车路网。这样的做法也取得了一定的成效，图 5-2 给出了哥本哈根交通碳排放各个要素的加法贡献度。慢行交通设施建设措施主要是作用于机动化要素，为了方便观察，笔者将机动化要素进行了深色处理。由图可见，1960~1995 年，机动化要素对于城市交通碳排放均起到促进的作用，而随着自行车发展规划的制定及相关项目的落地，1995~2001 年以及 2001~2012 年该要素均起到减排作用，分别减少了 24.49 万吨和 26.05 万吨二氧化碳排放，接近 2012 年城市交通二氧化碳总排放的 1/4。

5.3.1.2 波特兰："精明增长"与慢行路网建设

波特兰城市交通系统的二氧化碳总排放在 1990 年后出现峰值，实现了由增至减的过程，进入了第Ⅲ转型期。2012 年总排放为 313.56 万吨二氧化碳，较 1990 年下降了 34.03%，与 70 年代水平相当。

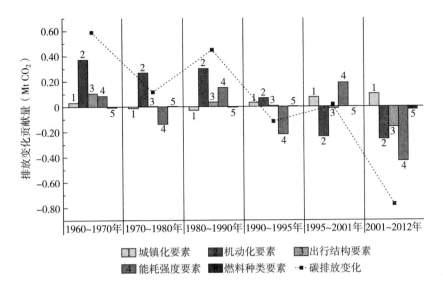

图 5-2　哥本哈根城市交通碳排放加法分解

　　波特兰是北美洲典型的致力于城市交通系统低碳化可持续发展的城市，被评价为全美最宜居的城市之一。为了减少对小汽车出行的依赖，倡导慢行交通，波特兰市自 20 世纪 90 年代起就开展了大量的工作。1997 年该市发布了《地区规划 2040》（*Region* 2040），为未来的紧凑型发展奠定了基础。通过引入"精明增长"的发展理念，城市蔓延扩张的局面被有效地遏制住，城市建设用地面积增长速度远远低于城市人口增长速度，城市人口密度和用地混合度的提升大大降低了城市内交通的出行距离。同时，波特兰大力推行慢行交通的出行方式，该市所处的俄勒冈州规定，每年州政府划拨用于公路建设的财政资金至少要拿出 1% 用于步行道和自行车道的建设，逐步加密的路线网络使波特兰拥有了完善的慢行交通系统。该市还发布了指导街道规划设计的导则，以确保慢行环境的建设。2003 年波特兰开展了智慧出行项目（Smart Trips），鼓励市民选择绿色交通的出行方式；针对不同的出行目的开展了各种活动，包括划定慢行区域和特色的步行路线、增加街道自行车停放设施等。这一系列的举措为波特兰城市交通的低碳转型发展带来了促进作用，从图 5-3 中可以明显地观察到机动化要素在 1990～2012 年阶段中起到了较为显著的减排作用。

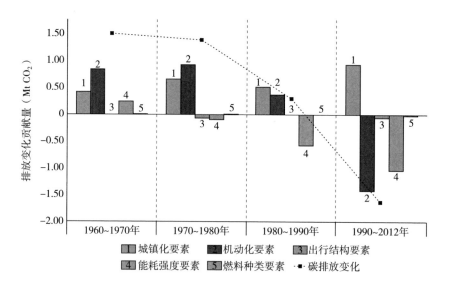

图 5-3　波特兰城市交通碳排放加法分解

5.3.2　出行结构措施减排效应

5.3.2.1　巴黎：新建 14 号线

巴黎城市交通碳排放同样经历了先增后减的过程，1995 年较 1960 年增长了
639.01 万吨二氧化碳，而后城市交通总排放开始下降。2012 年总排放 513.79 万
吨二氧化碳，较 1995 年减少了 590.88 万吨，相当于 20 世纪 60 年代中期水平，
同年人均交通碳排放为 0.43 吨/人，已经低于 1960 年水平。

巴黎历史悠久，是欧洲最早的特大城市之一，其轨道交通网络在 20 世纪中
叶就已经趋于完善。巴黎最早的地铁规划和修建于 19 世纪末开始，1900 年巴黎
首条线路正式运行，而后的半个世纪完善扩张了 13 条线路。因此，本书所收集
的数据最早为 1960 年，此时距巴黎大力修建地铁设施的时间已经过去了十几年。
1993 年，巴黎市政府为了缓解巴黎地铁网络日益提升的运输压力开始修建 14 号
地铁线路，并且于 1998 年正式通车。这也是在本书研究时间以内，巴黎唯一修
建的一条新的地铁线路。该线路通车之后，客流增长迅猛，1998~2004 年线路客
流量由 350 万人增加至 6400 万人，大大改善了居民的公交出行环境。图 5-4 清
晰地反映了该线路通车后对城市交通碳排放带来的抑制作用：1960~1995 年，出

行结构要素均表现为促进排放效应，期间由于没有增加公交基础设施，迫使一些人选择采用小汽车的方式出行；1995 年后出行结构要素的减排效应显现，1995~2001 年减少排放 117.03 万吨，2001~2012 年减少排放 74.42 万吨。

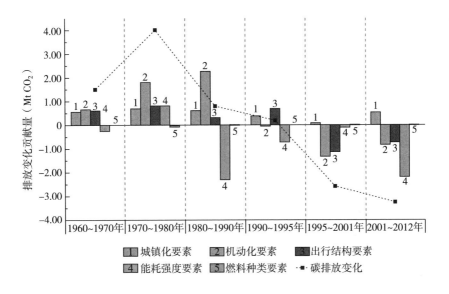

图 5-4　巴黎城市交通碳排放加法分解

5.3.2.2　首尔：加密地铁网络

由于数据的限制，首尔市交通碳排放的测算时间仅包括了 1990 年、1995 年和 2012 年，20 世纪 90 年代初期有所增长，随后开始下降。其中，1995 年相较 1990 年，首尔市交通碳排放增长了 215.86 万吨，2012 年较 1995 年，城市交通总排放下降了 616.47 万吨。

首尔是低碳转型范式城市的代表，其发展阶段要滞后于前文提到的三座城市，但该市在研究期间充分地发挥了后发优势，较为综合地实施了各类减排政策措施。20 世纪 50 年代朝鲜战争结束后，韩国工业化迅速起步，作为首都的首尔市经济发展迅速，特别是 1988 年首尔奥运会后，城市人口和经济都有了大幅度的提升，市民倾向于更为便利的机动化出行方式，期间城市人口、机动化出行距离和交通出行方式均对城市交通碳排放的增长起到了促进所用。进入 21 世纪后，首尔市政府逐步意识到公交优先政策对城市整体可持续发展的重要性，开始大力开展公共交通基础设施建设。在这段时间里，首尔市新修建开通了5条地铁线路，并于2004年开始实施全面系统的公共交通改革，通过建立公共交通管理信息系统、整合票价结构等方式，提高了乘客满意度，也增加了乘客数量。从图5-5可以看出，出行结构要素对城市交通二氧化碳总排放已经起到抑制作用，减少了145.69万吨二氧化碳排放。

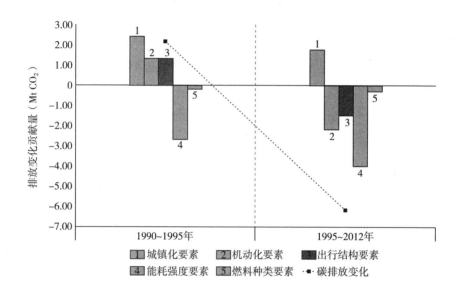

图5-5 首尔城市交通碳排放加法分解

值得一提的是，除了公共交通设施建设措施，首尔还采取了许多其他的低碳交通发展措施。例如，对于建设城市慢行环境，其中就包括著名的"清溪川生态修复工程"，还有执行强制性的燃油经济性标准《国家燃油经济性标准》（AFE）等。因此，在1995~2012年，机动化和燃料能耗要素与出行结构要素一样均起到了减排效果，这使首尔市成功地实现了交通系统的低碳转型发展。

5.3.3 能耗强度措施减排效应

5.3.3.1 东京：能源使用合理化法

本书研究的东京市范围为东京都市圈，包括了一都三县——东京都、神奈川县、千叶县和埼玉县，是全世界最大的城市，2012年共有3723.90万人口。作为典型的长期低碳范式城市，东京人均城市交通排放一直处于全世界大城市中的最低水平，2012 年人均交通碳排放水平在所有测算城市中位于最低四座城市。其城市交通二氧化碳排放也历经了先增后减的过程，自 1960 年计算起始，城市交通总排放和人均交通排放均逐年递增，并于 90 年代中期达到峰值，1995 年东京圈总交通排放为 2254.84 万吨，人均交通碳排放为 0.7 吨/人。而后两个指标双双开始下降，2012 年相较 1995 年分别减少了 41.88% 和 47.14%，各自相当于 20 世纪 80 年代和 70 年代的排放水平。

战后的日本为了恢复生产力水平，进行了广泛的社会改革，调整产业结构，将汽车产业作为该阶段工业发展的龙头产业。因此，在本书的研究年份中，日本汽车产业一直处于其国家经济发展的主导地位。1973 年和 1979 年的两次全球石油危机在对日本造成影响的同时也为日本汽车产业带来了机遇，高昂的石油价格迫使依赖进口石油的日本政府大力发展节能技术，推进新能源的开发利用。其基本政策方针是"3E"原则，即能源安全、环境保护和经济增长。1979 年，日本政府颁布了《能源使用合理化法》，规定了日本汽车生产商轿车能源利用效率考核标准。在随后的 1980~1995 年，能耗强度的下降起到了抑制交通碳排放高速增长的作用。图 5-6 显示，整个 80 年代，东京市交通能耗强度要素的改善减少了全市 250.35 万吨的二氧化碳排放，1990~1995 年也减少了 58.61 万吨。日本政府针对 2000 年后的车辆燃油经济性标准提出了更高的要求，在颁布的《能源使用合理化法》的考核标准修订版中，要求 2000 年的轿车能源利用效率比 1990 年提高 8.5%。2000 年又进一步制定了燃油经济性目标，计划到 2010 年汽油车燃油经济性比 1995 年提高 22.8%。如果不能达到标准，国家将对制造商予以公告、罚款等处罚。因此可以发现，在 1995~2012 年，能源强度因素贡献了巨大的减排效应，减少了 941.32 万吨二氧化碳排放，这也直接导致了城市交通总排放的大幅下降。

5.3.3.2 菲尼克斯：燃油经济性平均标准

菲尼克斯城市交通二氧化碳总排放在 1960~1995 年保持持续的增长势头，自 90 年代起增速开始减缓，1995 年后排放开始下降。作为美国第六大城市，菲尼克斯具有北美城市的典型特征——地广人稀，2012 年城市人口密度仅为 13.39 人/公顷，居民出行十分依赖小汽车，小汽车出行方式占比 84.3%，因此其总排放和人均排放一直处于全球的较高水平。

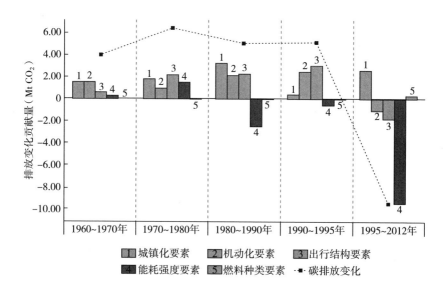

图5-6 东京城市交通碳排放加法分解

由于地广人稀，依赖小汽车通行的城市特点难以发展公共交通，其低碳转型主要依赖于能源强度要素。20世纪70年代初第一次石油危机使美国汽油价格节节攀升，为了保障能源安全，减少能源消耗，美国国会于1975年颁布了《燃油经济性平均标准》（*Corporate Average Fuel Economy*），要求汽车厂商逐年提高自己产品的燃油经济性，从1978年开始确定为18英里/加仑（13.2升/百公里），到1985年要求达到27.5英里/加仑（8.6升/百公里）。自此以后，汽车生产商纷纷改变了自己的生产计划，减少了大排量大马力车辆的生产，开始认真地研究起发动机技术。因此，经历几年的车辆更新换代之后，美国城市街道上大排量汽车的身影越来越少，日本节能汽车开始流行，本土汽车的燃油经济性也开始越来越得到提升。从图5-7可以观察到，1980年后的三个时间段中能耗强度要素的城市交通二氧化碳减排贡献度分别达到了222.07万吨、85.68万吨和248.66万吨。

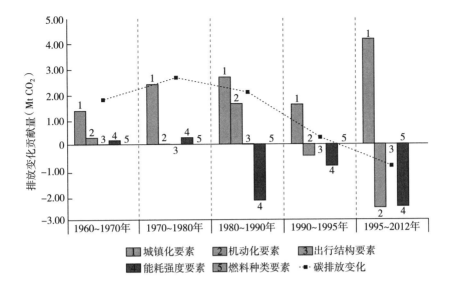

图 5-7　菲尼克斯城市交通碳排放加法分解

5.4　中国城市交通要素贡献度分析

北京市和上海市交通碳排放转型要素的贡献度如表 5-4 所示，按已有统计数据和测算结果，笔者选择了其测算年份相近的四个时间节点，将其分为三个阶段进行比较，分别为 1986 年、1995 年、2004/2005 年和 2014 年，时间跨度为十年或接近十年。

表 5-4　北京、上海城市交通历史碳排放转型要素贡献度（1986~2014 年）

城市	要素类别	1986~1995 年	1995~2005 年	2005~2014 年	1986~2014 年
北京	城镇化要素	1.18	2.15	1.39	3.52
	机动化要素	2.37	1.19	1.54	4.34
	出行结构要素	2.28	1.20	0.78	2.13
	能耗强度要素	1.03	1.72	0.86	1.51
	燃料种类要素	1.01	0.98	0.97	0.97
	乘积（排放变化）	6.58	5.18	1.39	47.35

续表

城市	要素类别	1986~1995 年	1995~2005 年	2005~2014 年	1986~2014 年
上海	城镇化要素	1.34	1.35	1.88	3.39
	机动化要素	1.29	2.24	1.29	3.71
	出行结构要素	1.48	1.08	0.83	1.32
	能耗强度要素	1.01	1.24	1.16	1.45
	燃料种类要素	1.03	1.00	0.97	1.00
	乘积（排放变化）	2.67	4.00	2.26	24.16

注：1995~2005 年中，截止年份北京市为 2005 年，上海市为 2004 年。

从表中可以看出，北京市早期并未对"发展公共交通"予以足够的重视。虽然 1971 年北京就建成了第一条地铁，但其试运营期长达 10 年之久，直至 1981 年才正式对外开放。直至 1995 年，北京地铁 1 号线和 2 号线尚未完整贯通，远远没有实现线路的网络化。与此同时，北京公共交通进行了市场化改革，公共汽电车票价提升，越来越多的北京市民开始选择购买私家车出行，北京开始进入了机动车快速增长的时期，北京城市交通也越发拥堵。在此期间，机动化要素和出行结构要素是最主要的促进交通碳排放增长的要素，贡献度分别为 2.37 和 2.28。进入 21 世纪后，北京市于 2001 年获得 2008 年奥运会举办权，随后大批人口开始涌入城市，此时城镇化要素成为主导要素。值得一提的是，2003 年北京市交通委员会成立，随后提出了北京发展的两个"坚定不移"，即"坚定不移地调整空间布局，缩减城市中心区功能、人口，建立新城；坚定不移地发展城市公共交通系统"，因此该阶段中城市机动化和出行结构要素的促进作用已经大幅降低。2005 年后，北京市贯彻了发展城市公交系统的政策，2005~2014 年，有 13 条新修建的轨道交通线路正式通车，并且为了降低机动车保有量增长速度，2011 年开始实施小客车数量调控和配额管理制度。在此期间，出行结构要素起到了减排作用，其贡献度为 0.78。

上海市与北京市城市交通的发展历程大致相近，早期城镇化、机动化和出行结构要素均极大地促进了城市交通总排放量的增长，后期由于对发展公共交通的重视，出行结构要素对碳排放的增长起到了一定的抑制作用。2004~2014 年，上海市一共新建通车了 10 条地铁线路，城市轨道交通网络基本成型且在逐步加密。

不同的是，由于上海市 20 世纪 80 年代末和 90 年代初期建立了针对新增小客车的完整的牌照拍卖制度，因此上海市的小客车保有量增幅要低于北京市水平，出行结构要素的贡献度在前两个阶段都小于同期北京的数值。

整体而言，两座城市的交通系统碳排放在近 30 年的时间里均大幅增长，北京市增长了 47.35 倍，上海市增长了 24.16 倍。除去燃料种类要素之外，其余所有要素均起到了促进作用，尤其是城镇化和机动化要素，北京两者分别为 3.52 和 4.34，上海为 3.39 和 3.71。这反映了改革开放后城市发展日新月异，两座城市均经历了城镇化和机动化飞速发展的 30 年。出行结构要素中，北京为 2.13，高出上海 1.32 的贡献度，这显示了上海市更早实施车辆牌照管理措施的效果，较为有效地控制了小汽车保有量的快速增长，为公共交通的发展提供了时间保障。能源强度要素北京市和上海市分别为 1.51 和 1.45，这其中不仅有市场大排量车辆越来越多的原因，也有车均载客数越来越低的原因。能源强度要素对两个城市交通碳排放均起到了小幅的抑制作用，虽然小客车市场中燃料种类并未有根本性的变化，基本仍为化石燃料，但是由于地铁的大量修建，使公共交通出行中一部分的燃料供给为电能，因此产生了一定的减排效果。

值得一提的是，虽然目前电动车辆市场销售份额的绝对值仍然较小，但是近年来呈现出指数级增长。相关统计数据显示（见表 5-5），2009~2016 年，我国电动汽车保有量（包含纯电动 BEV、插电式混合动力 PHEV）共提高了 1351 倍，由原先的不到 500 辆增长至 64.88 万辆，平均每年增长 1.8 倍，中国新能源汽车已经进入了良性发展阶段。由此来看，燃料种类要素仍具备十分巨大的减排潜力，特别是在未来其他因素减排边际效益越来越小的前提下，将会发挥越发重要的作用。

表 5-5　中国电动汽车市场数据

年份	2009	2010	2011	2012	2013	2014	2015	2016
保有量（千辆）	0.48	1.91	6.98	16.88	32.22	105.39	312.77	648.77
新注册量（千辆）	0.48	1.43	5.07	9.90	15.34	73.17	207.38	336.00
市场份额（%）	—	0.01	0.04	0.06	0.09	0.38	0.99	1.37

资料来源：Cazzola P, Gorner M, Munuera L, et al. Global EV outlook 2017: Two million and counting [J]. International Energy Agency, 2017.

5.5 本章小结

在前一章研究的基础上，本章运用对数平均迪氏分解法对城市交通系统各个转型要素的减排贡献度进行了分解，之后针对各大洲三个转型阶段的重点作用要素贡献度进行了分析，接着实证分析了典型低碳交通政策的实施效果，最后分析了我国北京、上海城市交通碳排放各要素贡献度的历史变化特征，主要结论如下：

（1）随着转型的不断深入，各个要素的贡献度均不断减少，欧洲城市在各个转型期内单位时间减排程度最大；城镇化要素在所有大洲所有时期贡献度均大于 1.00，说明在研究期间内全球各地区大部分城市人口一直处于增长状态；能耗强度是所有地区城市交通低碳转型所依赖的最主要要素，由于石油危机的影响，全球致力于采用更加节能低碳的交通工具。

（2）欧洲城市机动化要素和出行结构要素在后期显示出减排效果，因为该地区重视慢行环境的营造，同时低碳出行理念盛行；亚洲典型城市虽然致力于公交系统发展，但是小汽车增长十分迅速，因此出行结构要素早期起到促进碳排放增长的作用，后期部分城市同时采取了限制小汽车拥有与使用的措施，该要素贡献度开始逐渐降低；燃料种类要素在三个转型期内作用不明显，均保持在 1.00 左右，但随着汽车产业电能驱动的革命化发展，未来该要素将有巨大减排潜力。

（3）政策的实施能够影响特定时间下某个要素的减排贡献度，例如在颁布了《燃油经济性平均标准》《能源使用合理化法》之后，美国城市和日本城市能耗强度要素贡献度显著降低；哥本哈根在 20 世纪 90 年代确定了自行车发展规划之后，城市机动化要素贡献度和出行结构贡献度显著降低。

（4）我国城市 2005 年之前机动化和出行结构要素明显促进了城市交通碳排放的增长，后期城市地铁网络的逐步完善缓解并改善了出行结构要素的贡献度，其他要素减排贡献度较低，需要抓住后发优势，充分借鉴早发地区经验，综合实施各类交通政策，以减缓排放变化曲线的进一步增长，实现隧道效应。

6 基于情景分析的城市交通低碳转型管理研究

——以上海市为例

之前章节的研究结论已经表明，城市交通低碳化发展已经成为全球时下的大趋势，然而交通系统的低碳化转型并非易事。由于系统发展的路径依赖性，以传统化石燃料为基础的碳基技术及相关制度在城市交通系统里逐渐完善，形成了稳定的"碳锁定效应"（Carbon Lock-in Effect）。要从一个高碳稳定的状态转换为另一个低碳稳定的状态，需要系统中各个元素以及出行者、交通服务提供者、政策制定者和科研机构各个主体的共同努力。我国正处于社会经济发展的剧烈变革之中，城市交通系统低碳发展的成功与否仍然充满较大的不确定性。在这个转型的关键时期，探索"碳解锁"的途径，降低城市交通低碳转型的不确定性就显得尤为必要。因此，本章以上海市为例，展望中国城市交通未来的前行方向，在引入转型管理理念和方法基础上，利用 LEAP 工具对其低碳转型路径的减排潜力进行了量化分析，为其城市交通系统低碳转型发展提出合理的愿景、路径以及政策建议。

6.1 城市交通低碳转型管理

6.1.1 低碳转型管理

6.1.1.1 内涵特征

转型管理（Transition Management）是一种新的治理理念，其核心思想认为转型本身虽然存在复杂性和不确定性，但是可以对其进行有效的管理[192]。该概念由 Rotmans 等提出，主要关注某一社会系统的结构变革和动态行为，以及这一变革的内在机制和复杂影响，主要目标旨在引导特定的社会技术系统朝着特定方向转变，如交通部门、能源供应系统、农业部门、水资源管理等[193,194]。

与传统的政策治理模式相比，基于转型管理的政策措施制定并非与之冲突，而是对其进行了补充[107]，它更强调从长远的视角看待问题，这也是全球 2℃ 气候红线倒逼发展路径思想的具体体现。由于转型过程往往长达几代人的时间，因此基于转型管理理念的政策制定目标应着眼于系统长远的可持续发展愿景，在此基础上制定近期的政策。每过一段时间，要将已有政策的实施效果与远期愿景进行重新评估，并进行调整（见图 6-1）。荷兰是首个将转型管理理念运用到能源环境政策制定中的国家。早在 20 世纪 80 年代，荷兰政府的住宅、空间计划及环境部（Ministry of VROM）就意识到环境能源治理的紧迫性，随后出台了一系列的相关政策措施，但实施效果未达到预期水平。政策制定者逐渐认识到了能源环境是一个复杂的社会系统，其转型必然是一个长期过程，需要建立一个有效的战略框架。于是在 2001 年编制第四次《国家环境政策规划》（*National Environment Policy Plan*）的过程中，Rotmans、Geels 等学者作为主要的咨询专家进行了深度的参与，

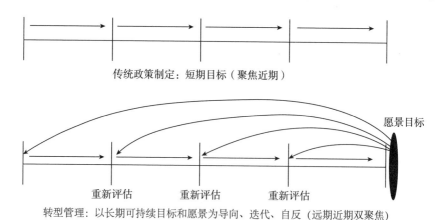

图 6-1 转型管理与传统政策制定机制差异

资料来源：Kemp R, Loorbach D. Governance for sustainability through transition management ［R］. Proceedings of the Open Meeting of Human Dimensions of Global Environmental Change Research Community, Montreal, Canada, 2003. [196]

提出将转型管理的理念应用在相关政策制定之中[192]。在转型管理理念的指导下，荷兰为自身的能源环境可持续性发展设定了愿景，并制定了相应的路径和措施，转型得到了突破性的进展。2014年，荷兰全国可再生能源消耗量占总能耗比重的5.6%，较2001年1.3%的水平提升了4.3个百分点。[195] 之后，欧洲其他国家，诸如英国、丹麦等也开始将转型管理理念引入能源、交通、环境等领域，对各国相关的政策措施制定起到了越来越大的影响。

6.1.1.2 实施步骤

为了将转型管理基本理念转化为可以具体操作实践的流程，Rotmans等构建了一个具有循环周期的转型管理模型（见图6-2）。[192,197] 该模型可以用于协调社会技术系统并指导相关政策措施的制定，具体来说包含了四个步骤：战略制定、战术制定、行动以及反馈。

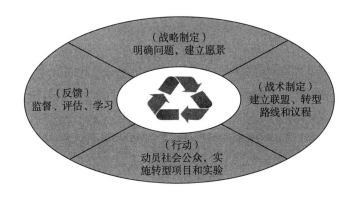

图6-2 转型管理周期示意图

资料来源：薛奕曦，毕晓航，尤建新，等. 荷兰能源低碳转型管理及启示［J］. 中国软科学，2016（7）：56-65[192]；Kemp R，Loorbach D. Dutch policies to manage the transition to sustainable energy［R］. 2006[197].

首先，在战略上对于特定的社会系统或者社会子系统要确定其未来发展的目标和愿景，这应该是全社会对该系统的美好期盼；其次，针对未来发展的目标和愿景，提出相应的发展路径；再次，基于转型路径制定和实施相应的政策措施和项目，同时努力创造充满活力的社会氛围，加强公众参与，促进各式各样的创新活动以及试验；最后，对实施效果的监测与评估依然是十分重要的一环，其对象应该为转型路径本身、阶段性目标的设置等。通过检测转型是否达到预期效果，之后不断调整迭代转型的路径和阶段性目标。整个周期强调了"干中学"与"学中干"的思维，保证了转型管理的灵活性。

作为社会组成的重要子系统，城市交通的低碳化转型发展毫无疑问可以采取转型管理的思想。政策制定者需要对该系统发展进行长远的目标和愿景设定，并基于此给出相应的转型路径和短期目标，之后采取相关政策措施并鼓励公众一起参与进来，确保转型路径的顺利进行，与此同时，阶段性地对城市交通碳排放进行统计测算，评估转型效果，而后调整转型路径。

6.1.2　转型情景分析工具

6.1.2.1　情景分析

城市交通低碳转型的愿景和路径构成了该系统未来发展的一种情景，可以用情景分析的方法进行研究。"情景"一词最早出现于 1967 年 Kahn 和 Wiener 合著的 *The Year* 2000 一书，是对事物一切可能的发展情况的描述[198]，不仅包含对事物现状基本特征定性与定量的描述，还包含对各种未来发生情况的可能性的描述。该方法也被称作前景描述法或脚本法，在设定某种趋势将持续到未来的前提条件下，对预测对象出现的状态变化以及可能引起的后果做出预测，近年来已经成功运用于环境规划和城市规划的研究工作中，提高了人们对未来不确定性的应变能力。

6.1.2.2　LEAP 模型

本章所采用的分析工具为长期能源可替代规划系统模型（Long Range Energy Alternatives Planning），简称 LEAP 模型。该工具以瑞典斯德哥尔摩环境研究所（Stockholm Environment Institute，SEI）美国中心的 Charlie Heaps 为主开发，可用于能源政策分析和减缓气候变化评估。LEAP 软件已经在全世界 150 多个国家中得到了广泛的应用。由于其含有交通分析模块，也被广泛应用于交通能源建模的研究中。LEAP 模型中碳排放测算基于燃料使用终端，能够考虑交通工具更新迭代的过程和更为细节的参数，包括车龄分布等，并且内置了大气污染物排放因子测算功能，能够对多种大气污染物排放量进行分析。

笔者以上海市为例，对其城市交通未来的愿景和发展路径进行了设定，并运用 LEAP 工具构建了 LEAP-ST 模型，用于分析上海市城市交通低碳转型路径的节能减排潜力，以此作为政策制定者制定相关措施的参考依据，后文将对此进行具体的阐述。

6.2 上海市城市交通低碳转型情景设定

6.2.1 愿景目标设定

低碳节能无疑是城市交通系统未来的转型愿景，世界上已经有一些地区或城市对其自身交通系统的未来低碳化发展提出了具体的目标。欧盟于 2011 年颁布了《迈向统一欧洲的交通发展路线图》白皮书，对其未来 40 年交通运输系统发展提出了目标，指出"2030 年主要城市中心城物流配送基本实现零碳排放""2050 年传统化石燃料车辆全部退出城市"[199]。伦敦市近期颁布的《交通发展战略 2017》中也提出"至 2033 年所有出租车和私人租用车辆实现零排放，2037 年公共汽车实现零排放，2040 年道路上所有新车实现这一目标，而到 2050 年伦敦市整体交通系统将实现零排放"[21]。其他欧洲城市也纷纷提出了自身交通系统的低碳或零碳发展愿景，制定了具体的减排目标，诸如哥本哈根等。我国为应对全球气候变化向国际社会做出了郑重承诺，整体的二氧化碳减排目标为 2030 年左右达峰并争取早日达峰。但对于城市交通层面，截至笔者撰写本节时尚未有城市对其交通系统提出过明确的减排目标。

上海市虽然每隔十年左右会发布一次《上海市交通发展白皮书》，书中会对未来十年的城市交通发展战略目标及具体工作进行说明，但该白皮书规划目标年份较近，并非长期转型愿景，同时也缺少了针对碳排放这个重要指标的具体减排目标。

参考国际对标城市的发展愿景和减排目标以及我国的整体减排承诺，笔者在此为上海市城市交通发展大胆地提出了低碳转型发展目标，近期实现 2030 年之前达峰，远期考虑 2050 年实现零碳城市交通。基于这个愿景目标，笔者对其转型路径同样进行了设定。起始年设定为最近一次交通大调查时间 2014 年。由于已有相关政策对今后一段时间的上海交通发展进行了规划，因此转型路径情景被分为两个阶段：既有政策阶段（2014～2035 年）和面向零碳交通阶段（2035～2050 年）。同时，笔者设置了基准情景以评估转型路径情景的减排效果。

6.2.2 基准情景设定

基准情景又可以称为 BAU 情景，即 Business as Usual，意为一切照常。该情景的核心假设是在研究期间内各项转型要素延续现有的变化趋势，社会对于这些要素并未采取相关措施予以干涉。该情景显示了政府在不作为情况下上海市城市交通碳排放的轨迹变化情况，可用于衡量转型路径情景的减排效应。

城镇化要素方面，参考上海社会科学院城市与人口发展研究所研究员周海旺《上海人口发展趋势特点与问题研究》的研究结论，该研究对不进行人口规模控制情况下的上海市常住人口进行了预测，2030 年为 2856.4 万人，2050 年为 2778.3 万人。通过插值方法，2035 年上海市常住人口为 2836.9 万人。机动化要素方面，上海市居民日均出行次数不变，维持在 2.23 次/日，但次均出行距离缓慢提升，助力车出行方式逐渐转化为小汽车和公交出行，慢行交通比例逐渐减少，人均机动化出行距离将在未来一段时间里持续增长，但增长速率有所下降。出行结构要素方面，研究假设，上海市自 2014 年后不会修建新的公交基础设施，因此私家车的交通出行比例会略微增长。能耗强度要素方面，车辆百公里能耗强度略有降低，车辆平均载客数不变。燃料种类要素方面，各子部门交通工具的能源种类在研究期间不发生变化，维持在原有的比例，并且不会推出更为严格的机动车排放标准。

6.2.3 转型路径情景设定

6.2.3.1 既有政策阶段设定（2014～2035 年）

既有政策阶段是转型情景的前期路径，时间为 2014～2035 年，意为政府将会执行其目前已有的相关计划并实施相应的减排措施，确保其顺利达到规划目标。该阶段的参数的设定参考上海市相关规划和政策文件，如表 6-1 所示。

表 6-1 既有政策阶段参数设定依据

类型	既有政策描述	参考文件
城镇化要素	"至 2020 年将常住人口控制在 2500 万人以内，并以 2500 万人左右的规模作为 2035 年常住人口调控目标。至 2050 年，常住人口规模保持稳定"。"2015 年为 3071 平方公里，2020 年建设用地总规模不超过 3185 平方公里，2035 年为 3200 平方公里"	《上海市城市总体规划2017—2035 年》
机动化要素	"中心城小客车交通量（按车公里计算）的增幅控制在 20% 以内，确保中心城道路运行有序可控"。"小客车单车日均行驶里程下降 25%，以应对中心城 250 万辆小客车的使用"	《上海市交通发展白皮书》（2013 版）
结构要素	"全市公共交通全方式出行比例 2015 年为 26.2%，2020 年为 30%，2035 年为 40% 左右"。"中心城确立公共交通在机动化出行中的主导地位，至 2035 年，公共交通占全方式出行的比例达到 50% 以上，绿色交通出行比例达到 85%"	《上海市城市总体规划2017—2035 年》
	"全市公共交通、步行、自行车的出行比重不低于 80%"	《上海市交通发展白皮书》（2013 版）
	"绿色交通出行比重不低于 80%"	《上海节能和应对气候变化"十三五"规划》
能耗要素	"单位客货运输量碳排放明显下降"	《上海市综合交通"十三五"规划》
	"近期完成现有黄标车淘汰任务，适时启动新一轮高污染汽车淘汰和限行工作。严格实施营运性车辆和货运车辆污染排放的行业准入和管理，以及按时限报废制度。对使用年限较长的公交车加强污染治理"	《上海市交通发展白皮书》（2013 版）
	"2020 年与 2005 年相比，营运货车单位运输周转量能耗下降 16% 左右，营运客车单位运输周转量能耗下降 5% 左右，海运和内河营运船舶单位运输周转量能耗均下降 20% 左右；港口生产单位吞吐量综合能耗下降 10% 左右"	《公路水路交通节能中长期规划纲要》
燃料要素	"新能源和清洁能源公交车比例达 50% 以上"。"实现分时租赁网点与公用充电设施网络的深度融合，形成满足超过 2 万辆分时租赁新能源车充电需求的服务网络"	《上海市综合交通"十三五"规划》
	"提高机动车新车排放标准。加快推进轻型汽车新车国 V 排放标准和重型柴油车国 Ⅳ 排放标准的实施，力争适时实行更高的排放标准。加速公共交通客运车辆更新，出租汽车全部达到国 V 及以上排放标准，公交车辆全部达到国 Ⅳ 及以上排放标准"。"探索完善商业运营模式，使用节能和新能源的环保型公交车辆比重达到 50%。加快充电桩、加气站等配套基础设施建设"	《上海市交通发展白皮书》（2013 版）
	"到 2020 年全市新能源车辆发展规模将达到 26.3 万辆，其中新能源乘用车约 24.5 万辆，公交、物流、环卫等其他车型约 1.8 万辆"	《上海市电动汽车充电基础设施专项规划（2016—2020 年）》

类型	既有政策描述	参考文件
燃料 要素	"到 2020 年，新能源汽车达到 26 万辆，新能源和清洁能源公交车比例达到 50%以上，中心城公交基本实现新能源化"	《上海节能和应对气候变化"十三五"规划》
	"适时提前实施新车国六排放标准，推进车用油品升级和监管"	《上海环境保护和生态建设"十三五"规划》

6.2.3.2 面向零碳交通阶段设定（2035~2050 年）

面向零碳交通阶段为转型路径的后期，时间范围为 2035 ~ 2050 年。该阶段没有政策规划对城市交通系统各个要素进行目标设定，因此为了实现 2050 年上海市城市交通零碳化愿景，笔者在既有政策阶段基础上参考对标城市的路径规划，大胆地为上海市提出了交通零碳转型路径。

在该阶段，上海市已逐步完成了城镇化和机动化进程，2035 年后上海市常住人口规模已保持在 2500 万人左右规模，每千人小汽车保有量也逐步达到稳定状态。该数值参考国际对标城市，2012 年巴黎、伦敦、东京和首尔每千人小客车保有量分别为 414 辆、307 辆、329 辆和 271 辆，其中巴黎、伦敦和东京小汽车保有量已经趋于稳定，首尔市则还处于增长中，因此设定上海市最终每千人小汽车保有量保持在 300 辆以内。由于城市建设用地面积不再扩张，因此车均车公里数也维持稳定态势。2035 年后城市交通主要的低碳转型动力已从出行结构要素和能耗强度要素转变为燃料种类要素。人均机动化出行距离、出行结构和车辆百公里能耗改进的减排潜力在之前阶段已经得到了充分的释放，后续减排的边际效应较低。而随着新能源技术的持续改进，电池、氢能源等一批零碳燃料技术得以突破，汽车能源革命不断推进，2030 年新增公共汽车全部为清洁能源汽车，2035 年新增出租汽车实现零碳化，2040 年实现小客车新车市场全面新能源化，传统化石燃料车辆禁止销售，2050 年后禁止化石燃料车辆在城市出行。并且，随着无人驾驶和共享交通技术的进步和推广，出租车的利用效率大幅提升，空载率得到降低。参考麻省理工学院 Alonso-Mora 教授的研究成果，城市出租车数量将逐步减少至现今的 1/4。

6.3 上海市城市交通低碳转型路径减排潜力分析

6.3.1 LEAP-ST 模型构建

笔者利用 LEAP 工具构建了能够反映上海市城市交通碳排放的 LEAP-ST 模型。对于 2014 年基准年排放水平前文已经给出了相关测算结果，数据主要参考《上海市第五次综合交通调查成果报告》《上海市统计年鉴》等。2014 年上海市常住人口为 2425.68 万人，人均机动化出行距离为 4.53E+03 公里，其中公共交通占 48.15%，私人交通占 51.85%，共产生了 9.66E+02 万吨二氧化碳。由于 LEAP 模型基于能源利用终端，因此其机动化要素以人均车辆保有量、车均车公里数等表达，可与城市常住人口、人均机动化出行距离、平均承载系数进行换算。对于前文未提出的车龄分布、存活曲线以及大气污染物排放因子，以下给出设定方法。

6.3.1.1 车龄分布

模型中某年机动车的保有量是由该年年初存量、该年车辆销售量以及该年车辆报废量计算得到的。因此，为保障后续模型的顺利运行，需要设定起始年份车辆的车龄构成以及车辆报废曲线进行合理的设定。我国最早于 1997 年颁布了《汽车报废标准》，该标准设定了私家车的强制报废阈值为行驶 10 万公里后或者使用 10 年后。而后随着车辆技术水平的提升，车辆性能的维护也逐步得到重视，汽车寿命有明显提升，因此原有的报废标准显得过于苛刻。21 世纪初我国发布了《汽车报废标准规定》，通过年检测试的车辆可以将使用期限延长至 15 年。2013 年 5 月开始实施了新的《机动车强制报废标准规定》，私家车报废年限被取消。因此基准年上海市小汽车车龄包含 16 年，依据上海市车辆管理所查询得到的近年来注册、报废分车型机动车数量，经笔者计算后得到基准年上海市现有车辆的车龄分布，如表 6-2 所示。

表6-2 基准年上海市车辆车龄分布

车龄	1	2	3	4	5	6	7	8
存量占比（%）	15.81	14.56	13.46	12.35	9.84	7.08	6.03	5.24
车龄	9	10	11	12	13	14	15	16
存量占比（%）	4.38	3.58	2.71	1.94	1.26	0.85	0.58	0.34

6.3.1.2 存活曲线

依据国内外相关研究及模型推荐设定，机动车每年存留情况表现为存活曲线（Survival Curve）形式，符合下列函数表达式：

$$S_t = S_{t-1} \times e^{a \times t} \tag{6-1}$$

式中，S为尚存车辆比例，t为车龄，a为常数项。

本书利用《中国交通年鉴》《中国交通运输统计年鉴》及《上海年鉴》中给出的历年民用汽车新注册数、拥有量等数据，对该函数进行了标定，得到常数项 a=-0.013。在 LEAP 模型中以此函数作为上海市不同车龄车辆的每年存留数量的推算基础。

6.3.1.3 大气污染物排放因子

LEAP 模型中内置了缺省的车辆单位里程的污染物排放因子值，同时也为用户提供了手动设置排放因子的渠道。本书采用的车辆尾气排放因子综合参考了国家环境保护部机动车监控中心提供的我国车辆排放因子及北京大学蔡皓等的研究成果[200]，是经过大量资料调研、对中国典型城市实际道路行驶工况测量后经实验室模拟调整后获得的，包括了国 I 之前、国 I、国 II、国 III 和国 IV 五个不同标准下的车辆排放因子，具体车辆类型分为轻型汽车、中型汽车和重型汽车，燃料类型考虑了汽油、燃油、液化石油气和压缩天然气，大气污染物包括 CO、NO_x、PM10 和 HC。国 V 和国 VI 标准下的实际运行车辆排放因子则由相对应的标准指标的减少比例推算得出。

6.3.2 转型路径二氧化碳减排潜力分析

6.3.2.1 排放峰值分析

经 LEAP-ST 模型测算，两种情景下上海市未来交通碳排放发展轨迹如图6-

3 所示。深色柱状图代表基准情景，可以发现，若不实施低碳交通政策措施，上海市交通碳排放仍将持续增高。虽然增长曲线后期有所变缓，但 2035 年前尚未出现峰值，达峰时间为 2041 年，城市交通体系共排放了 1.99E+03 万吨二氧化碳当量。与之形成鲜明对比的是，在转型路径情景下上海市交通碳排放经过短期的增长之后就开始逐步降低，直至 2050 年不产生碳排放。该情景下的达峰时间为 2022 年，为 1.17 E+03 万吨二氧化碳当量，较基准情景提前了近 20 年并且数值仅为其 58.95%。因此可以表明，转型路径情景能够实现原计划的转型目标，即 2030 年之前城市交通二氧化碳总排放达峰，且 2050 年实现零碳交通。

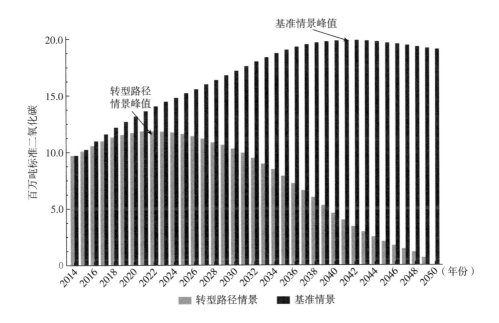

图 6-3 不同情景下上海市城市交通二氧化碳排放总量（2014~2050 年）

在转型路径情景下，上海市人均交通碳排放也将于 2022 年达到峰值 0.48 吨/人，小于第 2 章所测算的亚洲城市平均峰值水平 0.61 吨/人。该时间同样较基准情景达峰时间 2041 年提前近 20 年，并且排放量仅为其 67.48%。

6.3.2.2 减碳潜力分析

上海市城市交通具有巨大的减排潜力，将基准情景排放减去转型路径情景排放得到的差值，即为转型路径情景的减排潜力。从表 6-3 可以看出，在既有政策情景阶段，即 2014~2035 年，转型情景共减少了 9.29 E+03 万吨二氧化碳当量。仅 2035 年一年就减少了 1.12 E+03 万吨二氧化碳当量，这已经高出基准年 2014 年城市交通全年的排放量。至 2050 年，转型路径累计减排 33.70E+03 万吨二氧化碳当量。在所有城市交通子部门中，小客车是最主要的减排源，其在基准年排放占比就占据主导地位，在减排的贡献度中也占绝对的比例，2035 年和 2050 年累计减排量占比分别为 82.74% 和 84.95%。

表 6-3   城市交通子部门减碳潜力   单位：百万吨

情景	子部门	2035 年		2050 年	
		当年	累计	当年	累计
转型路径情景	小客车	9.21	76.68	15.99	286.30
	摩托车	0.00	0.02	0.00	0.03
	出租车	1.14	7.76	1.47	29.29
	公交巴士	0.81	8.23	0.88	21.39
	合计	11.17	92.68	19.08	337.01

6.3.3   其他大气污染物减排潜力分析

实施低碳交通政策除了能够带来能耗和二氧化碳的降低以外，还能够带来其他大气污染物的减少。图 6-4 显示了低碳转型路径情景下其他交通大气污染物排放的变化情况，至 2050 年将实现零污染。与二氧化碳排放不同的是，一氧化碳、氮氧化物和碳氢化合物均已在 2014 年达到了峰值，后续至 2017 年有大幅的降低。这是因为 2014 年运行车队中，仍有部分国零标准（即国 I 之前）的车辆，这些车辆的排放因子远远高于国 I，例如国零标准的小客车一氧化碳排放因子是国 I 标准的近 10 倍。这些高排放车辆集中在 2014~2017 年报废，因此污染物排放水平大幅降低。而后虽然由于车辆保有量的提升致使污染物排放水平短期内有小幅度的增长，但车辆能源结构的变革使 2030 年后污染物排放得到了持续的降低。

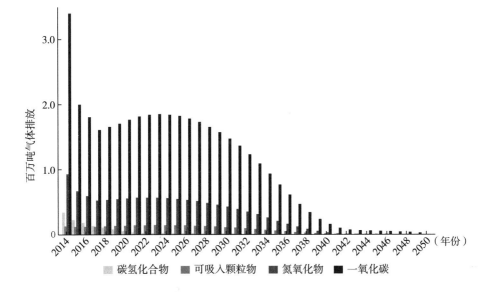

图6-4 低碳转型情景下上海市交通大气污染物排放（2014~2050年）

相较基准情景，低碳转型路径情景减排效果明显。表6-4给出了其2035年和2050年的减排潜力。在既有政策情景下，2035年一氧化碳、氮氧化物、可吸入颗粒物和碳氢化合物较基准情景分别减少了115.80万吨、33.34万吨、8.75万吨和0.66万吨的排放量。2050年排放量均为零，较基准情景减排量分别为188.58万吨、53.21万吨、14.26万吨和1.06万吨。研究期间累计减排量巨大，以一氧化碳为例，2014~2050年共计减少了3085.82万吨，是2014年全上海市交通排放量的9.06倍。

表6-4 转型路径情景下交通大气污染物减排潜力 单位：百万吨

情景	大气污染物	2035年		2050年	
		当年	累计	当年	累计
转型路径情景	一氧化碳	1.16	4.49	1.89	30.86
	氮氧化物	0.33	1.20	0.53	8.79
	可吸入颗粒物	0.09	0.33	0.14	2.33
	碳氢化合物	0.01	0.02	0.01	0.18

6.4　本章小结

本章以上海为例，将转型管理理念引入城市交通低碳转型治理中，探究了城市交通低碳转型愿景，并在参考上海市相关政策规划文件的基础上设定了包含既有政策阶段和面向零碳阶段的转型路径，而后通过建立 LEAP-ST 模型对转型路径的减排潜力进行了情景分析，具体研究结论如下：

（1）政府若不采取相关政策措施，城市交通碳排放将会在未来相当长的一段时期保持增长态势。既有减排政策能够很大程度上促进上海市城市交通的低碳转型发展，预计上海市城市交通二氧化碳总排放和人均碳排放均会在 2022 年达峰。

（2）低碳转型路径在减少城市交通二氧化碳排放的同时，还可以带来其他大气污染物减排的协同效应，一氧化碳、氮氧化物、可吸入颗粒物和碳氢化合物在 2050 年排放量均为零，较基准情景减排量分别为 188.58 万吨、53.21 万吨、14.26 万吨和 1.06 万吨。

（3）面向 2050 年零碳交通愿景，需要充分发挥燃料种类要素的减排潜力，大力推广零碳的新能源车辆的普及，鼓励推动共享交通和无人驾驶技术的研究进展。

（4）我国城市需要尽快建立交通低碳转型管理的新型治理模式，设定长远的减排愿景目标，并制定对应的转型路径，而后对政策实施效果进行定期的分析，总结经验后不断迭代调整目标和措施，以确保转型的顺利进行。

7 结论、政策建议与展望

7.1 主要研究成果与创新点

7.1.1 主要成果

本书以城市交通为研究对象，在分析了交通低碳发展的迫切性和必要性的大背景下及国内外相关文献综述的基础上，明确了减少城市交通低碳转型现状不确定性和未来发展方向不确定性的主要研究目标，尝试回答了"什么是转型"以及"如何转型"两大问题。主体研究部分遵循着"测算—评价—机理—效果—实现"的基本科研逻辑，针对转型综合评价模型、政策影响效应及低碳转型管理等方面分别开展了研究分析，主要研究成果如下：

（1）城市交通低碳转型的测算。本书采用统一的统计口径数据和相同的测算方法测算并比较了 180 个城市的交通二氧化碳排放足迹，并分别从横向和纵向视角对其进行了分析。从截面数据来看，城市交通碳排放虽然城市间差异显著，但呈现鲜明的洲际特征，北美洲、大洋洲、欧洲、亚洲人均交通碳排放指标依次减少，中国特大城市至五线城市人均指标依次递减。从时序数据来看，城市交通存在着低碳转型过程，单位 GDP 交通碳排放、人均交通碳排放和城市交通二氧化碳总排放依次出现峰值，本书以三个指标达峰时间将城市交通低碳转型过程划分为三个阶段。发达国家城市已经进入第Ⅲ转型期，中国特大城市正处于第Ⅰ转型期后期与第Ⅱ转型期初期，其余城市发展阶段则更为滞后，未来中国城市交通排放还有很大的增长空间。

（2）城市交通低碳转型的评价。该部分分析了城市人口密度、人口规模和经济发展水平对城市交通碳排放的影响效应，并建立了基于STIRPAT模型扩展的多元非线性回归模型，通过真实值与模型值的差值得到低碳交通相对评价指标——效应基准化指标（CEBI），可以剔除这三个因素的影响效应。基于该指标发现，巴黎、东京、哥本哈根是典型的长期低碳交通城市；菲尼克斯、蒙特利尔和马尼拉的交通系统长期保持高碳水平；首尔则在近年成功由高碳交通城市转型为低碳；而我国北京、上海、广州、深圳的CEBI指标逐年升高，近年已经位于全球高排放水平，需要对城市交通低碳转型发展予以更多的重视。

（3）城市交通低碳转型的机理。该部分探讨了政策措施促进城市交通低碳转型的作用机理。城市交通碳排放系统由内部转型要素和外部驱动因子共同组成，内部转型要素包括城镇化要素、机动化要素、出行结构要素、能耗强度要素和燃料种类要素；外部驱动因子包括经济类因子、土地类因子、科技类因子和文化类因子。本书梳理了各个要素和因子的变量，采用系统动力学的分析方法建立了城市交通碳排放系统因果关系框架。在此框架下可以清晰地发现城市低碳交通政策的作用机理，即通过直接作用于转型要素或者间接作用于驱动因子来影响城市交通碳排放的变化。通过应用该系统框架成功地对33个低碳交通政策措施案例进行分类，并且具体分析了不同类别措施的减排作用路径。

（4）城市交通低碳转型的效果。本书采用LMDI因素分解分析的方法，成功地将城市交通碳排放的变化分解为五类转型要素的贡献度，探讨了城市低碳交通政策实施的效果。通过乘法分解比较了不同转型阶段下各个大洲城市的转型要素贡献特点，发现随着转型的不断深入，各个要素的减排效果逐渐显现。北美洲和大洋洲城市转型主要动力为能源强度要素，欧洲城市为机动化要素和出行结构要素，亚洲城市为机动化要素和能源强度要素。而后通过加法分解探究了典型低碳交通政策的减排效应，发现政策措施的实施的确能够减少其对应转型要素的碳排放贡献度，起到减排的作用，如美国的节能法案的实施、哥本哈根自行车交通的推广。我国特大城市北京、上海在过去近30年间城镇化和机动化要素是主要的促进碳排放增长的要素，近年来由于公交优先政策、燃油经济性政策等的实施，出行结构要素和能耗强度要素逐渐开始显现减排作用，未来需要在进一步保持的前提下，制定实施机动化要素和燃料种类要素的相关政策措施，充分发挥其减排潜力。

（5）城市交通低碳转型的实现。该部分引入了转型管理的概念，为城市交通未来的低碳转型发展提供了一条实现的途径。以上海为例，本书为其设定了2050 年零碳交通的愿景，并规划了转型路径。转型路径包含两个阶段：既有政策阶段（2014~2035 年）和面向零碳交通阶段（2035~2050 年）。前者涵盖目前已经提出的上海市低碳交通政策措施和相关规划，后者为笔者依据历史轨迹和国际对标城市规划等设定的发展情景。在构建了 LEAP-ST 模型的基础上，笔者发现在低碳转型情景下，上海市交通二氧化碳总排放可于 2022 年达峰，比不实施任何政策措施情景下提前了 19 年。2014~2050 年能够累计减少 3.37 亿吨的二氧化碳排放，是 2014 年城市交通总排放的近 35 倍。因此，本书最后提出了构建基于低碳转型管理的新型城市交通治理体系的政策建议，同时还需要制定实施综合的减排政策措施、建立健全数据统计监管机制以及完善低碳交通立法保障体系以确保城市交通低碳转型的顺利实现。

7.1.2 创新点

本书在收集整理大量国内外城市交通相关数据的基础上，回顾并展望了城市交通低碳转型发展的历程轨迹，提出了新的评价模型并对政策的减排效应进行了分析，填补了目前学术界的研究空白，对我国城市交通系统未来的低碳转型发展具有指导意义。具体而言，本书可能在以下方面存在创新：

（1）全球视野下的城市交通碳足迹历史特征分析。本书首次采用了基于统一统计口径的数据和相同的测算方法测算了全球 180 个城市（105 个国际城市、75 个中国城市）的交通碳足迹，比较总结了各大洲城市交通碳排放的历史轨迹特征，并在此基础上划分了城市交通低碳转型阶段，填补了国内外相关领域的研究空白。

（2）城市交通低碳转型综合评价指标构建。本书构建了剔除城市人口密度、人口规模和经济发展水平的城市低碳交通效应基准化模型，创新性地运用相对性的综合评价指标 CEBI 分析了全球各个城市低碳发展水平，相较于原有基于绝对指标或指标评价体系的评价方法在客观性和适用性上均有提升，能够更为清晰地反映出城市低碳交通发展的真实水平。

（3）城市交通碳排放系统框架模型与低碳交通政策减排效应研究。本书从系统的角度建立了包含内部转型要素和外部驱动因子的城市交通碳排放框架模型，明确了政策的作用机理，并在此基础上成功地运用因素分解方法首次对各大洲城市不同转型阶段的转型要素的碳排放变化贡献度进行了分析，并实证了典型政策措施的实施效果，研究结论具有系统性、可比性。

（4）基于低碳转型管理的城市交通治理模式研究。本书首次提出了基于低碳转型管理的城市交通新型治理模式，以上海市为例设定了城市交通系统低碳转型的愿景及目标，并对转型路径的达峰时间和减排效果进行了测算，是转型管理理念在我国城市交通领域的首次运用。

7.2 中国城市交通低碳转型政策建议

7.2.1 政策制定原则

7.2.1.1 政府主导，多主体共治

城市交通是一个复杂的社会技术系统，其低碳转型需要依赖政府、企业及其他非政府组织以及公民群众的协同治理。其中，政府应在其中担任主导地位，是城市交通低碳转型发展进程中不可代替的指挥者和组织者，城市交通运输企业、汽车生产商、高校、科研机构、公益组织及公民群众等需要积极参与进来，不同主体之间相互协作，反复对话，平衡各自利益，最终形成集体行动。这种政府主导的多主体共治模式可以减少传统治理模式的"政府失灵"和"市场失灵"现象的发生。

7.2.1.2 因地制宜，结合区域特征

各个城市自身条件及交通发展阶段不同，在制定具体的政策措施时需要考虑

到城市之间的差异性。整体而言，我国城市交通低碳化发展阶段处于尚未转型或者转型的初期，需要充分借鉴早发国家的转型经验，制定综合的减排政策。一些尚处于低碳水平的中小城市，在城市规划阶段应考虑土地和交通的协同发展，积极推行公交优先政策，尽早养成居民的低碳出行习惯，避免走先高碳后转型的老路。对于已经处于较高温室气体排放水平的特大城市和一线城市，需要研究制定城市交通需求管理政策措施，积极建设充电站等基础设施，推广新能源汽车的发展。

7.2.1.3 以人为本，考虑协同效应

城市交通低碳转型要坚持以人为本的核心思想，从关注车的移动到关注人的移动，为出行者提供安全、高效、便捷、环保的交通服务。相比较为宏观的温室气体减排目标，个体出行者更关注汽车尾气污染物的排放。因此，各个政策措施的制定需要遵从共生利益原则（Co-benefit 原则），在考虑温室气体减排的同时，兼顾其他大气污染物的减排效应，节能与减排的效果不能相互抵消。例如，柴油车辆相较汽油车辆能耗较低，但是其会产生大量的 PM10 等污染物排放，这将会抵消污染物减排措施的效果，因此需等柴油车辆污染物排放降低之后，再大力推广柴油车辆。

7.2.2 近期行动建议

7.2.2.1 构建基于低碳转型管理的城市交通新型治理模式

转型管理本身就是一种新兴的城市治理模式，其采取具有前瞻性、渐进性和反思性的方式或途径，促使或引发社会技术系统的转型。有学者将这种基于转型管理的治理模式表达为"现有政策+长期愿景+一致性+短期行动+过程管理"[193]，构建基于低碳转型管理的城市交通新型治理体系可以参考这样的模式结构。除去现有政策之外，针对城市交通低碳转型发展首先需要对其制定长期的发展愿景；该发展愿景的制定应由政府主导，社会企业及其他非政府组织和市民公众积极参与进来，保持治理目标在治理主体间的一致性。同时在具体转型路径的设定中应始终保持与整体愿景目标的一致性；之后采取相应的行动，例如交通需求管理措施、公交基础设施建设等，确保沿着设定的转型路径顺利开展；在这个长期的治理过程中，每间隔一段时间定期对减排的效果是否偏离原有路径进行

综合评估，在评估的基础上总结前期的经验教训，而后进行下一步的行动。若未达到既定的短期目标，则考虑加强政策措施的实施力度或依据实际情况调整转型路径。

以上海市为例，城市交通管理部门可以参考本书的情景设定结果，建立公众参与平台，制定更为全面、实际、符合广大市民期望的城市交通转型愿景：2050年上海市实现全市居民出行交通零碳化，并基于此制定转型路径，以该路径为发展目标，实施综合的交通减排政策措施。而后以上海市综合交通调查时间（每隔五年）为评估节点，反思总结转型经验，调整目标及下一步行动。笔者依据上文测算结果，以五年计划结束年为节点，给出了上海市城市交通的初步阶段性发展目标（见表7-1），可以此为参考制定相关政策措施。

表 7-1　上海市城市交通低碳转型管理阶段目标　　单位：百万吨

排放类型	2015 年	2020 年	2025 年	2030 年	2035 年	2040 年	2045 年	2050 年
二氧化碳	10.102	11.728	11.596	10.283	7.881	4.587	2.056	0
一氧化碳	2.005	1.770	1.825	1.473	0.764	0.156	0.052	0
氮氧化物	0.668	0.552	0.546	0.427	0.209	0.028	0.002	0
可吸入颗粒物	0.118	0.135	0.139	0.112	0.058	0.011	0.003	0
碳氢化合物	0.226	0.054	0.019	0.011	0.005	0.001	0.000	0

7.2.2.2　制定实施综合的低碳交通政策措施

针对我国城市交通低碳化发展，除了应制定相应的治理机制外，现阶段应及时制定和实施综合的低碳交通政策措施，避免走先污染后治理的老路。要坚定不移地贯彻执行公交优先战略，努力建设慢行交通环境，宣传绿色出行，合理推进共享单车等项目开展，鼓励购买低能耗车辆，并针对性地实施交通需求管理措施，充分实现机动化、出行结构、能耗强度三个主要转型要素的减排潜力。针对未来具有巨大减排潜力的燃料种类要素，政府应采取措施引导和促进汽车企业进行车辆低碳化、智能化的研发工作，并建立相应的鼓励和惩罚机制。培育科技创新型企业，着力抓好技术标准示范企业建设，并加强与科研院校合作，构建技术研发服务平台，进一步提高我国新能源汽车行业的自主创新能力。车辆能源技术及交通出行互联网技术的发展与革新对未来的转型路径影响巨大。当能源技术有重大突破后，例如电池充电时间极大缩短、续航能力大幅提升、成本大幅下降等，都会引发城市交通未来发展路径的极大变化，有助于更快地实现低碳零碳愿景。

7.2.2.3 建立健全城市交通数据统计监管机制

完整且准确的城市交通基础数据是确保评估其低碳发展水平和转型效果的重要前提，地方政府需要尽快健全完善城市交通系统能耗统计和监管工作，制定统一的城市交通温室气体排放数据统计口径和测算方法，保障城市间测算结果的可比性。同时，建立数据开放机制，对脱敏的交通数据进行适当的公布，鼓励社会机构对其进行分析研究。此外，为了能够更进一步评价低碳转型的协同效应，相关机构还应组织对具体城市道路工况条件下车辆能耗强度及排放因子的基础研究，为后续排放清单核算提供有力依据。

7.2.2.4 完善低碳交通政策立法保障体系

在法律层面上应进一步强化对城市低碳交通发展的重视，建立并完善其法律保障体系。由于土地利用和交通具有相互作用的关系，土地的规划直接影响了城市未来交通的碳排放水平。在2010年住建部印发的《城市综合交通体系规划编制办法》中就强调过"城市综合交通体系规划应当与城市总体规划同步编制，相互反馈与协调"。但在很多城市的实际规划时间中并未按此办法执行，公交导向的城市发展理念难以融入具有更高法律效应的城市总规之中，因此后续需要更加明确交通规划的法定性，与城市规划同步编制、相互融合。此外，还需要加强燃油经济性和机动车尾气排放标准的法律地位，如西方国家将其写入国家法律，保障其强制执行的法律效力。对机动车燃油税、碳税、拥堵收费、牌照拍卖收费用途进行明确说明，并建立相应的税收支出明细公布体系。

7.3 后续研究展望

鉴于笔者自身知识结构、写作水平以及所获取数据的局限性，本书仍有诸多不足，后续研究至少应包括以下几个方面：

（1）基于全生命周期的城市交通碳排放测算。本书仅仅考虑了交通工具使用阶段所产生的温室气体排放，然而燃料的生产、加工和运输阶段都会造成排放。由于生产方式和运输存储方式的不同，这些阶段排放的水平会有很大差异，例如火力发电和风能发电。后续研究需要考虑全生命周期的交通碳排放，对地区使用能源的生产方式进行统计并以此测算总排放，建立更为全面细致的排放清单。

（2）城市货运及城际交通低碳转型特征研究。受数据基础的限制，本书尚未对城市货运和城际交通的碳排放变化轨迹进行研究，后续需要继续收集这些部门的相关数据，实证其是否与城市居民交通出行一样存在低碳转型的过程，若存在则需继续讨论其转型阶段、排放达峰时间、地域性特征、低碳转型要素等问题。

（3）城市交通碳排放与城市整体碳排放关联性研究。本书仅针对城市交通系统进行了碳排放测算，未考虑到城市交通部门碳排放与城市整体碳排放之间、人均交通碳排放与人均碳排放总量之间的关联。后续研究可以着力收集相关方面的数据，测算城市整体碳排放水平，并探究交通排放占整体排放的比例变化趋势，结合低碳转型阶段分析，以期得到更为科学的研究结论。

（4）针对具体政策措施变量关系的量化研究。本书给出了各类交通政策的作用机理，但限于研究视角与工作量，并未对各个政策措施进行具体的仿真建模，后续工作需聚焦具体政策措施，实证并量化其变量间作用关系，建立更为细致的仿真模型。同时，在城市低碳交通政策选择方面应继续深入研究，低碳交通政策措施的制定除了需要考虑实施后的减排效果外，还需考虑其执行的成本，后续研究应补充对各类政策措施的成本效益分析，并考虑其实施难度和资金可行性，为实际政策制定提供科学依据。

参考文献

［1］Houghton J T, Jenkins G, Epharums J. Climate change：The IPCC scientific assessment. Report prepared for intergovernmental panel on climate change by working group I ［M］. Cambridge：Cambridge University Press< http：//www. ipccch/ipccreports/far/wg_ I/ipcc_far_wg_ I_full_report pdf> Accessed, 1990, 11, 2012.

［2］Houghton J T. Climate change 1995：The science of climate change：Contribution of working group I to the second assessment report of the intergovernmental panel on Climate Change ［M］. Cambridge University Press, 1996.

［3］Watson R T, Albritton D L. Climate change 2001：Synthesis report：Third assessment report of the intergovernmental panel on climate change ［M］. Cambridge University Press, 2001.

［4］Parry M, Canziani O, Palutikof J, et al. Climate change 2007：Impacts, adaptation and vulnerability ［M］. Cambridge University Press Cambridge, 2007.

［5］Pachauri R K, Allen M R, Barros V R, et al. Climate change 2014：Synthesis report ［R］. Contribution of Working Groups I, II and III to the Fifth Assessment Report of the Intergovernmental Panel on Climate Change 9291691437. IPCC, 2014.

［6］UK Department of trade and industry ［R］. Our Energy Future, Creating a Low Carbon Economy, 2003.

［7］刘琰. 低碳生态城市——全球气候变化影响下未来城市可持续发展的战略选择 ［J］. 城市发展研究, 2010（5）：35-41.

［8］C40 Cities Climate Leadership Group［R］. Good Practice Guide：Low E-mission Vehicles，2016.

［9］Statistics I. CO$_2$ emissions from fuel combustion－highlights［EB/OL］. IEA，Paris，http：//www. iea org/co2highlights/co2highlights pdf Cited July，2011.

［10］史立新，黄茵，于娟. 交通能源消费及碳排放研究［M］. 北京：中国经济出版社，2011.

［11］Whitelegg J. Transport for a sustainable future：The case for Europe［M］. Belhaven Press，1993.

［12］Gwilliam K，Shalizi Z. Sustainable transport：Priorities for policy reform［R］. 1996.

［13］Stigson B. Mobility 2030：Meeting the challenges to sustainability［R］. World Business Council for Sustainable Development，2004.

［14］Bradshaw C. The Green Transportation Hierarchy：A Guide for Personal and Public Decisionmaking［R］. 1992.

［15］李晔. 以百姓出行切身感受为核心建设上海绿色交通体系［J］. 交通与运输，2015（6）：52-53.

［16］诸大建. 重构城市可持续发展理论模型——自然资本新经济与中国发展C模式［J］. 探索与争鸣，2015（6）：18-21.

［17］中华人民共和国2015年国民经济和社会发展统计公报［R］. 2016.

［18］Evans B. Governing for Sustainable Urban Development［R］. 2010.

［19］汪光焘. 中国城市交通问题、对策与理论需求［J］. 城市交通，2016，14（6）：28-31.

［20］HM Government. The UK Low Carbon Transition Plan－National Strategy for Climate and Energy［R］. 2009.

［21］Authority G L. Mayor's Transport Strategy［R］. 2017.

［22］IEA. Addressing climate change：Policies and measures databases［EB/OL］. http：//www. iea. org/policiesandmeasures/climatechange/，2018-03-04.

［23］习近平. 决胜全面建成小康社会 夺取新时代中国特色社会主义伟大胜利——在中国共产党第十九次全国代表大会上的报告［J］. 思想政治工作研

究，2017（11）：33-52.

［24］Nations U, Convention F, Change C, et al. Guidelines for national greenhouse gas inventories ［R］. 2009.

［25］国家发展改革委员会气候变化司. 省级温室气体清单编制指南（试行）［R］. 2011.

［26］世界资源研究所. 城市温室气体核算工具指南（测试版1.0）［R］. 2013.

［27］国家气候变化战略研究和国际合作中心. 陆上交通运输企业温室气体排放核算方法与报告指南（试行）［R］. 2016.

［28］Duduta N, Bishins A. Citywide transportation greenhouse gas emissions inventories：A review of selected methodologies ［R］. 2010.

［29］Bongardt D, Creutzig F, Hüging H, et al. Low-carbon land transport：Policy handbook ［M］. Routledge, 2013.

［30］Liu H, Wang Y, Chen X, et al. Vehicle emission and near-road air quality modeling in Shanghai, China, based on taxi GPS data and MOVES revised emission inventory ［J］. Transp Res Rec, 2013, 23（40）：38-48.

［31］Wiedmann T, Minx J. A definition of carbon footprint ［J］. Journal of the Royal Society of Medicine, 2009, 92（4）：193-195.

［32］Wackerngel, Mathis. Our ecological footprint：Reducing human impact on the earth ［M］. New Society Publishers, 1996.

［33］蒋婷. 碳足迹评价标准概述 ［J］. 信息技术与标准化, 2010（11）：15-18.

［34］Larson E D. A review of life-cycle analysis studies on liquid biofuel systems for the transport sector ［J］. Energy for Sustainable Development, 2006, 10（2）：109-126.

［35］Samaras C, Meisterling K. Life cycle assessment of greenhouse gas emissions from plug-in hybrid vehicles：Implications for policy ［J］. Environmental Science & Technology, 2008, 42（9）：3170-3176.

［36］Spielmann M, Scholz R. Life cycle inventories of transport services：Background data for freight transport（10 pp）［J］. International Journal of Life Cycle Assessment, 2005, 10（1）: 85-94.

［37］Matthews H S, Hendrickson C T, Weber C L. The importance of carbon footprint estimation boundaries［J］. Environmental Science & Technology, 2008, 42（16）: 5839-5842.

［38］刘爽, 赵明亮, 包姹娜, 等. 基于交通结构发展情景分析的城市交通碳排放测算研究［J］. 交通运输系统工程与信息, 2015, 15（3）: 222-227.

［39］柯水发, 王亚, 陈奕钢, 等. 北京市交通运输业碳排放及减排情景分析［J］. 中国人口·资源与环境, 2015, 25（6）: 81-88.

［40］张秀媛, 杨新苗, 闫琰. 城市交通能耗和碳排放统计测算方法研究［J］. 中国软科学, 2014（6）: 142-150.

［41］谢菲菲. 城市交通碳排放量影响因素与低碳交通发展研究［D］. 北京交通大学硕士学位论文, 2013.

［42］包瑨. 城市低碳交通政策作用机理及评估模型研究［D］. 同济大学硕士学位论文, 2013.

［43］张清, 陶小马, 杨鹏. 特大型城市客运交通碳排放与减排对策研究［J］. 中国人口·资源与环境, 2012, 22（1）: 35-42.

［44］苏城元, 陆键, 徐萍. 城市交通碳排放分析及交通低碳发展模式——以上海为例［J］. 公路交通科技, 2012, 29（3）: 146-152.

［45］贾培培. 城市交通碳排放分析及实证研究［J］. 价值工程, 2012, 31（32）: 290-291.

［46］邱小燕, 刘海春. 扬州市交通碳排放测算［J］. 扬州职业大学学报, 2015, 19（4）: 48-51.

［47］刘鸿远. 城市交通碳排放预测与发展模式选择［D］. 天津理工大学硕士学位论文, 2014.

［48］OECD. Decoupling: A conceptual overview［J］. Oecd Papers, 2005, 5（11）: 37.

［49］Simonis U E. Decoupling natural resource use and environmental impacts from economic growth［J］. Indian Journal of Industrial Relations, 2011, 47（4）:

385-386.

［50］Weizaäcker E U V, Larderel J A D, Hargroves K C, et al. Decoupling 2：Technologies, opportunities and policy options ［R］. United Nations Environment Programme, 2014.

［51］曹广喜, 刘禹乔, 周洋. 长三角地区制造业碳排放脱钩研究 ［J］. 阅江学刊, 2015, 7 (2)：37-44.

［52］Tapio P. Towards a theory of decoupling：Degrees of decoupling in the EU and the case of road traffic in Finland between 1970 and 2001 ［J］. Transport Policy, 2008, 12 (2)：137-151.

［53］刘竹, 耿涌, 薛冰, 等. 基于"脱钩"模式的低碳城市评价 ［J］. 中国人口·资源与环境, 2011, 21 (4)：19-24.

［54］周银香. 交通业碳排放与行业经济增长的响应关系——基于"脱钩"与"复钩"理论和 LMDI 分解的实证分析 ［J］. 财经论丛 (浙江财经大学学报), 2014 (12)：9-16.

［55］Agency E E. Towards a resource-efficient transport system - TERM 2009：Indicators tracking transport and environment in the European Union ［R］. 2010.

［56］Dobranskyet-Niskota A, Perujo A, Pregl M. Indicators to assess sustainability of transport activities ［J］. European Comission, Joint Research Centre, 2007.

［57］Tiwari G, Jain D. Promoting low carbon transport in India：NMT infrastructure in India：Investment, policy and design ［M］. 8792706193, 2013.

［58］台湾省文化局. 都市计划案绿色运输衡量指标之研订 ［R］. 2011.

［59］吴雪, 陈锦, 李爽. 低碳经济评价指标体系的构建 ［J］. 企业经济, 2012 (6)：11-14.

［60］朱婧, 汤争争, 刘学敏, 等. 基于 DPSIR 模型的低碳城市发展评价——以济源市为例 ［J］. 城市问题, 2012 (12)：42-47.

［61］马军, 周琳, 李薇. 城市低碳经济评价指标体系构建——以东部沿海 6 省市低碳发展现状为例 ［J］. 科技进步与对策, 2010, 27 (22)：165-167.

［62］刘如迪. 城市低碳交通评价指标体系构建研究 ［D］. 长安大学硕士学位论文, 2014.

［63］巩翼龙，魏大泉．低碳公路交通评价模型的构建与应用——以黑龙江省为例［J］．武汉大学学报（工学版），2012，45（6）：798-803.

［64］Kaya Y. Impact of carbon dioxide emission control on GNP growth：Interpretation of proposed scenarios［R］．Intergovernmental Panel on Climate Change/Response Strategies Working Group，May，1989.

［65］O'Mahony T. Decomposition of Ireland's carbon emissions from 1990 to 2010：An extended Kaya identity［J］．Energy Policy，2013（59）：573-581.

［66］冯相昭，邹骥．中国 CO_2 排放趋势的经济分析［J］．中国人口·资源与环境，2008，18（3）：43-47.

［67］李波，张俊飚，李海鹏．中国农业碳排放时空特征及影响因素分解［J］．中国人口·资源与环境，2011，21（8）：80-86.

［68］Achour H, Belloumi M. Decomposing the influencing factors of energy consumption in Tunisian transportation sector using the LMDI method［J］．Transport Policy，2016（52）：64-71.

［69］张琳翌．城市交通能源消耗与碳排放的驱动因素分解及 SD 仿真预测［D］．浙江财经大学硕士学位论文，2015.

［70］Wang Y, Hayashi Y, Kato H, et al. Decomposition analysis of CO emissions increase from the passenger transport sector in Shanghai, China［J］．International Journal of Urban Sciences，2011，15（2）：121-136.

［71］何彩虹．基于 LMDI 模型的上海市低碳交通发展研究［D］．合肥工业大学硕士学位论文，2012.

［72］孙启鹏，吉姣，徐成．区域综合交通系统能耗驱动因子及其测算模型研究［J］．交通运输系统工程与信息，2013，13（3）：1-9.

［73］Luo X. A study on factor decomposition for CO_2 emission generation and its causal mechanisms in urban transport：A comparison between Shanghai and Tokyo［D］．2013.

［74］Loo B P Y, Li L. Carbon dioxide emissions from passenger transport in China since 1949：Implications for developing sustainable transport［J］．Energy Policy，2012，50（6）：464-476.

［75］Zhang M, Wang W. Using LMDI method to analyze transportation sector energy consumption in China between 2006 and 2030［R］. Proceedings of the International Conference on Artificial Intelligence, Management Science and Electronic Commerce, 2011.

［76］Timilsina G R, Shrestha A. Transport sector CO_2 emissions growth in Asia: Underlying factors and policy options［J］. Energy Policy, 2009, 37（11）: 4523-4539.

［77］Mendiluce M, Schipper L. Trends in passenger transport and freight energy use in Spain［J］. Energy Policy, 2011, 39（10）: 6466-6475.

［78］Papagiannaki K, Diakoulaki D. Decomposition analysis of CO_2 emissions from passenger cars: The cases of Greece and Denmark［J］. Energy Policy, 2009, 37（8）: 3259-3267.

［79］O' Mahony T, Zhou P, Sweeney J. The driving forces of change in energy-related CO_2 emissions in Ireland: A multi-sectoral decomposition from 1990 to 2007［J］. Energy Policy, 2012（44）: 256-267.

［80］Dalkmann H, Brannigan C. Transport and climate change. Module 5e. Sustainable Transport: A Sourcebook for Policy-makers in Developing Cities［R］. Deutsche Gesellschaft fuer Technische Zusammenarbeit（GTZ）, 2007.

［81］GIZ. Sustainable Urban Transport: Avoid-Shift-Improve（A-S-I）［J/OL］.

［82］Marsden G, Frick K T, May A D, et al. Good practice in the exploitation of innovative strategies in sustainable urban transport: City interview synthesis［R］. 2009.

［83］李振宇, 张好智, 陈徐梅, 等. 欧洲城市交通节能减排的主要途径与经验启示［J］. 公路与汽运, 2011（3）: 22-25.

［84］Shabbir R, Ahmad S S. Monitoring urban transport air pollution and energy demand in Rawalpindi and Islamabad using leap model［J］. Energy, 2010, 35（5）: 2323-2332.

［85］Sadri A, Ardehali M M, Amirnekooei K. General procedure for long-term energy-environmental planning for transportation sector of developing countries with limited data based on LEAP (long-range energy alternative planning) and Energy PLAN [J]. Energy, 2014 (77): 831-843.

[86] Brand C, Anable J, Tran M. Accelerating the transformation to a low carbon passenger transport system: The role of car purchase taxes, feebates, road taxes and scrappage incentives in the UK [J]. Transportation Research Part A Policy & Practice, 2013, 49 (17): 132-148.

[87] Fu M, Kelly J A. Carbon related taxation policies for road transport: Efficacy of ownership and usage taxes, and the role of public transport and motorist cost perception on policy outcomes [J]. Transport Policy, 2012, 22 (4): 57-69.

[88] Nayum A, Klöckner C A, Prugsamatz S. Influences of car type class and carbon dioxide emission levels on purchases of new cars: A retrospective analysis of car purchases in Norway [J]. Transportation Research Part A Policy & Practice, 2013, 48 (2): 96-108.

[89] Small K A. Energy policies for passenger motor vehicles [J]. Transportation Research Part A, 2012, 46 (6): 874-889.

[90] Sharma S, Mishra S. Intelligent transportation systems-enabled optimal emission pricing models for reducing carbon footprints in a bimodal network [J]. Journal of Intelligent Transportation Systems, 2013, 17 (1): 54-64.

[91] Rogan F, Dennehy E, Daly H, et al. Impacts of an emission based private car taxation policy—First year expost analysis [J]. Transportation Research Part A Policy & Practice, 2011, 45 (7): 583-597.

[92] Basso L J, Jara-Díaz S R. Integrating congestion pricing, transit subsidies and mode choice [J]. Transportation Research Part A, 2012, 46 (6): 890-900.

[93] Timilsina G R, Dulal H B. Fiscal policy instruments for reducing congestion and atmospheric emissions in the transport sector: A Review [R]. Policy Research Working Paper, 2010,

[94] Davis L W. The effect of driving restrictions on air quality in Mexico City [J]. Journal of Political Economy, 2008, 116 (1): 38-81.

[95] Burniaux J-M, Chateau J. Mitigation potential of removing fossil fuel subsidies: A general equilibrium assessment [R] . Oecd Economics Department Working Papers, 2011.

[96] Initiative G F E. Global fuel economy initiative: Plan of action 2012-2015 [R] . 2013.

[97] An F, Earley R, Green-Weiskel L. Global overview on fuel efficiency and motor vehicle emission standards: Policy options and perspectives for international cooperation [R] . United Nations Background Paper, 2011.

[98] Yang Z, Bandivadekar A. Light-Duty vehicle greenhouse gas and fuel economy standards [R] . 2017.

[99] Knörr W, Dünnebeil F. Transport in China: Energy consumption and emissions of different transport modes [R] . Institute for Energy and Environmental Research Heidelberg, Heidelberg, Germany, 2008.

[100] He K, Huo H, Zhang Q, et al. Oil consumption and CO_2 emissions in China's road transport: Current status, future trends, and policy implications [J] . Energy Policy, 2005, 33 (12): 1499-1507.

[101] Huo H, Wang M, Johnson L, et al. Projection of chinese motor vehicle growth, oil demand, and CO_2 emissions through 2050. Transportation Research Record [J] . Journal of the Transportation Research Board, 2007 (2038): 69-77.

[102] Yao Z, Wang Q, He K, et al. Characteristics of real-world vehicular emissions in Chinese cities [J] . Journal of the Air & Waste Management Association, 2007, 57 (11): 1379-1386.

[103] Casebook E C. A look at the global electric vehicle movement [A] //organisation for economic cooperation and development [J] . International Energy Agency, Paris, 2012.

[104] Cazzola P, Gorner M, Munuera L, et al. Global EV outlook 2017: Two million and counting [J] . International Energy Agency, 2017.

[105] Stanley H E. Introduction to phase transitions and critical phenomena [J] . Physics Today, 1973, 26 (1): 71-72.

［106］ Dj V D K. Europe's second demographic transition ［J］. Population Bulletin, 1987, 42 (1): 1.

［107］ Rotmans J, Kemp R, Assel T M V. More evolution than revolution: Transition management in public policy ［J］. Foresight, 2001 (1): 15-31.

［108］ Newman P G, Kenworthy J R. Cities and automobile dependence: An international sourcebook ［M］. 1989a.

［109］ 郭洪旭, 黄莹, 赵黛青, 等. 中国典型城市空间形态对居民出行能耗的影响 ［J］. 城市发展研究, 2016, 23 (3): 95-100.

［110］ Norman J, Maclean H L, Kennedy C A. Comparing high and low residential density: Life－cycle analysis of energy use and greenhouse gas emissions ［J］. Journal of Urban Planning and Development, 2006, 132 (1): 10-21.

［111］ Jones C, Kammen D M. Spatial distribution of US household carbon footprints reveals suburbanization undermines greenhouse gas benefits of urban population density ［J］. Environmental Science & Technology, 2014, 48 (2): 895-902.

［112］ Glaeser E L, Kahn M E. The greenness of cities: Carbon dioxide emissions and urban development ［J］. Journal of Urban Economics, 2010, 67 (3): 404-418.

［113］ 贺大兴. 中国城市超线性规模效应研究 ［J］. 现代城市研究, 2014 (7): 49-54.

［114］ Bettencourt L M, Lobo J, Strumsky D, et al. Urban scaling and its deviations: Revealing the structure of wealth, innovation and crime across cities ［J］. PloS One, 2010 (11): e13541.

［115］ Deng H, Li Y, Li W, et al. Urban transport social needs in China: Quantification with central government transit grant ［J］. Transport Policy, 2016 (51): 126-139.

［116］ Fragkias M, Lobo J, Strumsky D, et al. Does size matter? Scaling of CO_2 emissions and US urban areas ［J］. PLoS One, 2013, 8 (6): e64727.

［117］ Bettencourt L M. The origins of scaling in cities ［J］. Science, 2013, 340 (6139): 1438-1441.

［118］ Jalil A, Mahmud S F. Environment Kuznets curve for CO_2 emissions: A cointegration analysis for China [J]. Energy Policy, 2009, 37 (12): 5167-5172.

[119] Fodha M, Zaghdoud O. Economic growth and pollutant emissions in Tunisia: An empirical analysis of the environmental Kuznets curve [J]. Energy Policy, 2010, 38 (2): 1150-1156.

[120] Stern D I, Common M S, Barbier E B. Economic growth and environmental degradation: The environmental Kuznets curve and sustainable development [J]. World Development, 1996, 24 (7): 1151-1160.

[121] Saboori B, Sulaiman J, Mohd S. Economic growth and CO_2 emissions in Malaysia: A cointegration analysis of the environmental Kuznets curve [J]. Energy Policy, 2012 (51): 184-191.

[122] 高标, 许清涛, 李玉波, 等. 吉林省交通运输能源消费碳排放测算与驱动因子分析 [J]. 经济地理, 2013, 33 (9): 25-30.

[123] Transport E. CO_2: Moving towards sustainability [J]. International Energy Agency, 2009 (44).

[124] Grooten J, Kuik F, Wilkeshuis S. Mobiliteit in en rond Amsterdam: Een blik op de toekomst vanuit een historisch perspectief [R]. Gemeente Amsterdam, Dienst Infrastructure Verkeer en Vervoer, 2010.

[125] Holdren J P, Ehrlich P R. Human population and the global environment: Population growth, rising per capita material consumption, and disruptive technologies have made civilization a global ecological force [J]. American Scientist, 1974, 62 (3): 282-292.

[126] York R, Rosa E A, Dietz T. Stirpat, Ipat and ImPACT: Analytic tools for unpacking the driving forces of environmental impacts [J]. Ecological Economics, 2003, 46 (3): 351-365.

[127] 何小钢, 张耀辉. 中国工业碳排放影响因素与 CKC 重组效应——基于 STIRPAT 模型的分行业动态面板数据实证研究 [J]. 中国工业经济, 2012 (1): 26-35.

[128] 徐丽杰. 中国城市化对碳排放的影响关系研究 [J]. 宏观经济研究, 2014 (6): 63-79.

［129］Dye T R. Understanding public policy［M］. Pearson, 1995.

［130］高兴武. 公共政策评估：体系与过程［J］. 中国行政管理, 2008 (2)：58-62.

［131］Scholl L, Schipper L, Kiang N. CO_2 emissions from passenger transport: A comparison of international trends from 1973 to 1992［J］. Energy Policy, 1996, 24 (1)：17-30.

［132］Schipper L, Marie-Lilliu C, Gorham R, et al. Flexing the Link between Transport and Greenhouse Gas Emissions—A Path for the World Bank［R］. 2000.

［133］Desa U. World urbanization prospects, the 2017 revision［R］. Final Report with Annex Tables New York, NY: United Nations Department of Economic and Social Affairs, 2017.

［134］Millard-Ball A, Schipper L. Are we reaching peak travel? Trends in passenger transport in eight industrialized countries［J］. Transport Reviews, 2011, 31 (3)：357-378.

［135］熊文. 城市慢行交通规划：基于人的空间研究［D］. 同济大学博士学位论文, 2008.

［136］Sperling D, Gordon D. Two billion cars: Driving toward sustainability［M］. Oxford University Press, 2009.

［137］Romilly P. Substitution of bus for car travel in urban Britain: An economic evaluation of bus and car exhaust emission and other costs［J］. Transportation Research Part D: Transport and Environment, 1999, 4 (2)：109-125.

［138］Bristow A L, Tight M, Pridmore A, et al. Developing pathways to low carbon land-based passenger transport in Great Britain by 2050［J］. Energy Policy, 2008, 36 (9)：3427-3435.

［139］魏庆琦, 赵嵩正, 肖伟. 我国交通运输结构优化的碳减排能力研究［J］. 交通运输系统工程与信息, 2013, 13 (3)：10-17.

［140］张会丽. 基于结构优化的重庆市交通出行碳减排潜力研究［D］. 重庆交通大学硕士学位论文, 2016.

［141］朱长征. 基于协整分析的我国交通运输业碳排放影响因素研究

［J］．公路交通科技，2015，32（1）：153-158.

［142］Small K A, Dender K V. Fuel efficiency and motor vehicle travel: The declining rebound effect［J］. Energy Journal, 2007, 28（1）：25-51.

［143］Creutzig F, Mcglynn E, Minx J, et al. Climate policies for road transport revisited（I）: Evaluation of the current framework［J］. Energy Policy, 2011, 39（5）：2396-2406.

［144］Schäfer A. Transportation in a climate-constrained world［M］. MIT Press, 2009.

［145］李晓卿. 基于离散选择模型的家庭乘用车消费者选择行为研究［D］. 上海社会科学院硕士学位论文，2013.

［146］Government W A. Transport statistics Great Britain - 2007 edition［R］. 2007.

［147］Lin D, Allan A, Cui J. The impacts of urban spatial structure and socio-economic factors on patterns of commuting: A review［J］. International Journal of Urban Sciences, 2015, 19（2）：238-255.

［148］潘海啸. 低碳城市交通建设与上海未来交通发展［J］. 上海城市规划，2012（2）：4-8.

［149］张雪梅. 城市公共交通可达性评价研究［J］. 道路交通与安全，2015（1）：20-24.

［150］Newman P W G, Kenworthy J R. Gasoline consumption and cities［J］. Journal of the American Planning Association, 1989b, 55（1）：24-37.

［151］Grazi F, Van Den Bergh J C, Van Ommeren J N. An empirical analysis of urban form, transport, and global warming［J］. The Energy Journal, 2008, 29（4）：97-122.

［152］Chatman D G. Residential choice, the built environment, and nonwork travel: Evidence using new data and methods［J］. Environment and Planning A, 2009, 41（5）：1072-1089.

［153］Boarnet M G. A broader context for land use and travel behavior, and a research agenda［J］. Journal of the American Planning Association, 2011, 77（3）：

197-213.

　　[154] Bhat C R, Eluru N. A copula-based approach to accommodate residential self-selection effects in travel behavior modeling [J] . Transportation Research Part B: Methodological, 2009, 43 (7): 749-765.

　　[155] Ewing R, Cervero R. Travel and the built environment: A meta-analysis [J] . Journal of the American Planning Association, 2010, 76 (3): 265-294.

　　[156] Engelfriet L, Koomen E. The impact of urban form on commuting in large Chinese cities [J] . Transportation, 2018, 45 (5): 1269-1295.

　　[157] 彭唬, 陆化普. 基于空间分析的城市密度对交通需求的影响分析 [J] . 交通运输系统工程与信息, 2007, 7 (4): 90-95.

　　[158] 林红, 李军. 出行空间分布与土地利用混合程度关系研究——以广州中心片区为例 [J] . 城市规划, 2008 (9): 53-56.

　　[159] 钱林波. 城市土地利用混合程度与居民出行空间分布的关系研究——以南京主城为例 [J] . 现代城市研究, 2000 (3): 5-9.

　　[160] Cooper C, Fanta Kamakaté F, Reinhart T, et al. Reducing heavy-duty long haul combination truck fuel consumption and CO_2 Emissions [M] //Northeast States Center for a Clean Air Future, International Council on Clean Transportation, Southwest Research Institute, and TIAX. October, 2009.

　　[161] Eugensson A, Brännström M, Frasher D, et al. Environmental, safety legal and societal implications of autonomous driving systems [R] . Proceedings of the International Technical Conference on the Enhanced Safety of Vehicles (ESV) Seoul, South Korea, 2013.

　　[162] Alexander-Kearns M, Peterson M, Cassady A. The impact of vehicle automation on carbon emissions [EB/OL] . Center for American Progress Retrieved from https: //www. americanprogress org/issues/green/reports/2016/11/18/292588/theimpact-of-vehicle-automation-on-carbon-emissions-where-uncertainty-lies, 2016.

　　[163] 亚洲开发银行. 中国公路交通资源优化利用 [M] . 北京: 中国经济出版社, 2009.

　　[164] Wadud Z, Mackenzie D, Leiby P. Help or hindrance? The travel, energy

and carbon impacts of highly automated vehicles［J］. Transportation Research Part A：Policy and Practice, 2016（86）：1-18.

［165］Xue M, Yu B, Du Y, et al. Possible emission reductions from ride-sourcing travel in a global megacity：The case of Beijing［J］. The Journal of Environment & Development, 2018, 27（2）：156-185.

［166］Manyika J, Chui M, Bughin J, et al. Disruptive technologies：Advances that will transform life, business, and the global economy［R］. McKinsey Global Institute San Francisco, CA, 2013.

［167］Alonso-Mora J, Samaranayake S, Wallar A, et al. On-demand high-capacity ride-sharing via dynamic trip-vehicle assignment［J］. Proceedings of the National Academy of Sciences, 2017.

［168］吕丰, 刘小翠. SUV 汽车市场现状与发展趋势［J］. 城市建设理论研究, 2016（6）.

［169］贺劲刚. 中国 SUV 汽车市场需求预测研究［D］. 吉林大学硕士学位论文, 2016.

［170］陆键. 当代世界城市低碳本位的交通战略［J］. 上海城市管理, 2011, 20（1）：47-51.

［171］胡垚, 吕斌. 大都市低碳交通策略的国际案例比较分析［J］. 国际城市规划, 2012, 27（5）：106-115.

［172］李姗姗. 发达国家发展低碳交通的政策法律措施及启示［J］. 山西财经大学学报, 2012（s1）：186-189.

［173］叶裕民. 走出控制城市人口规模的认识误区［N］. 人民日报, 2015-03-25.

［174］中共中央宣传部. 习近平总书记系列重要讲话读本（2016 年版）［M］. 北京：学习出版社, 人民出版社, 2016.

［175］本刊编辑部.《国家新型城镇化规划（2014—2020 年）》解读［J］. 中国经贸导刊, 2014（12）：19-20+29.

［176］王飞, 石晓冬, 郑皓, 等. 回答一个核心问题, 把握十个关系——《北京城市总体规划（2016 年—2035 年）》的转型探索［J］. 城市规划, 2017

（11）：9-16.

［177］曹宗旺. 转型发展背景下的城市规划理念思考与转变——以上海松江区为例［R］. 中国广东东莞：中国城市规划年会，2017.

［178］张炜. 控制特大城市人口规模是一个重大的发展问题——兼论北京人口调控方略［J］. 新视野，2015（6）：53-58.

［179］叶裕民. 特大城市粗暴控制人口难达目的［N］. 人民日报，2015-03-25.

［180］C40 Cities Climate Leadership Group［M］. Good Practice Guide：Transit Oriented Development，2016.

［181］杨敏，陈学武，王炜. 我国发展巴士快速公交系统（BRT）问题初探［J］. 现代城市研究，2003（6）：41-44.

［182］Junge J，Groh M. Bus rapid transit in Latin America［R］. 2008.

［183］C40 cities climate leadership group［R］. Good Practice Guide：Bus Rapid Transit，2016.

［184］蔡博峰. 国际机动车碳税对我国的启示［J］. 环境经济，2011（z1）：66-71.

［185］刘英，杨晓群，郇凤悦. 燃油税政策的国际比较及对我国的启示［J］. 中国房地产金融，2009（7）：45-48.

［186］Leape J. The London congestion charge［J］. The Journal of Economic Perspectives，2006，20（4）：157-176.

［187］Eliasson J，Hultkrantz L，Nerhagen L，et al. The stockholm congestion-charging trial 2006：Overview of effects［J］. Transportation Research Part A：Policy and Practice，2009，43（3）：240-250.

［188］王颖，鹿璐，邱诗永，等. 低排放区和拥堵收费国际经验［J］. 城市交通，2016，14（6）：23-29.

［189］熊文，陈小鸿，胡显标. 无车日效果评价与规划启示［R］. 中国科协年会，2010.

［190］Lutsey N，Searle S，Chambliss S，et al. Assessment of leading electric vehicle promotion activities in United States cities［J］. International Council on Clean

Transportation, 2015.

［191］Ang B W. The LMDI approach to decomposition analysis: A practical guide ［J］. Energy Policy, 2005, 33 (7): 867-871.

［192］薛奕曦, 毕晓航, 尤建新, 等. 荷兰能源低碳转型管理及启示 ［J］. 中国软科学, 2016 (7): 56-65.

［193］洪进, 郑梅, 余文涛. 转型管理: 环境治理的新模式 ［J］. 中国人口·资源与环境, 2010, 20 (9): 78-83.

［194］Kemp R, Loorbach D, Rotmans J. Transition management as a model for managing processes of co-evolution towards sustainable development ［J］. The International Journal of Sustainable Development & World Ecology, 2007, 14 (1): 78-91.

［195］吴坚. 荷兰可再生能源政策及其实践 ［J］. 能源工程, 2006 (4): 1-5.

［196］Kemp R, Loorbach D. Governance for sustainability through transition management ［R］. Proceedings of the Open Meeting of Human Dimensions of Global Environmental Change Research Community, Montreal, Canada, 2003.

［197］Kemp R, Loorbach D. Dutch policies to manage the transition to sustainable energy ［R］. 2006.

［198］Kahn Herman, Anthony J. Wiener, The year 2000: A framework for speculation on the next thirty-three years ［M］. London, United Kingdom: Macmillan Co. , 1967.

［199］Mobility E C D-G F, Transport. White paper on transport: Roadmap to a single european transport area: Towards a competitive and resource-efficient Transport System ［M］. Publications Office of the European Union, 2011.

［200］蔡皓, 谢绍东. 中国不同排放标准机动车排放因子的确定 ［J］. 北京大学学报 (自然科学版), 2010, 46 (3): 319-326.